福建教育学院资助出版

"福建省'十三五'中小学名师名校长培养工程丛书"编委会

（福建教育学院培养基地）

丛书主编：郭春芳

副 主 编：赵崇铁　朱　敏

编 委 会：（按姓氏笔画排序）

　　　　　于文安　杨文新　范光基　林　藩　曾广林

名校长卷

主　　编：于文安

副 主 编：简占东

编　　委：陈　曦　林文瑞　林　宇

名师卷

主　　编：林　藩

副 主 编：范光基

编　　委：陈秀鸿　唐　熙　丛　敏　柳碧莲

福建省"十三五"名师丛书

循道·地理

陈　白　◎著

厦门大学出版社
XIAMEN UNIVERSITY PRESS
国家一级出版社
全国百佳图书出版单位

图书在版编目(CIP)数据

循道·地理/陈白著.—厦门:厦门大学出版社,2021.8
(福建省"十三五"名师丛书/郭春芳主编)
ISBN 978-7-5615-8253-4

Ⅰ.①循… Ⅱ.①陈… Ⅲ.①中学地理课—教学研究—初中 Ⅳ.①G633.552

中国版本图书馆 CIP 数据核字(2021)第 101769 号

出 版 人 郑文礼
责任编辑 郑 丹

出版发行 厦门大学出版社
社 址 厦门市软件园二期望海路 39 号
邮政编码 361008
总 机 0592-2181111 0592-2181406(传真)
营销中心 0592-2184458 0592-2181365
网 址 http://www.xmupress.com
邮 箱 xmup@xmupress.com
印 刷 厦门集大印刷有限公司

开本 720 mm×1 020 mm 1/16
印张 12.5
插页 2
字数 218 千字
版次 2021 年 8 月第 1 版
印次 2021 年 8 月第 1 次印刷
定价 58.00 元

厦门大学出版社
微信二维码

厦门大学出版社
微博二维码

本书如有印装质量问题请直接寄承印厂调换

◎ 总 序

　　"百年大计,教育为本;教育大计,教师为本。"教师队伍建设是教育质量提升的关键。2018年,中共中央、国务院印发《关于全面深化新时代教师队伍建设改革的意见》,吹响了新时代教师队伍建设改革的集结号,提出教师队伍建设改革的目标是"到2035年,教师综合素质、专业化水平和创新能力大幅提升,培养造就数以百万计的骨干教师、数以十万计的卓越教师、数以万计的教育家型教师"。福建省委、省政府牢记习近平总书记"福建没有理由不把教育办好"的殷切嘱托,以高度责任感、使命感,坚持教育优先发展,始终将建设一支师德高尚、业务精湛、结构合理、充满活力的高素质专业化教师队伍作为基础工作,出台了一系列政策措施,激发广大教师投身教育综合改革的积极性、主动性、创造性。福建省教育厅为打造基础教育高层次领军人才队伍,实施"强师工程"核心项目——中小学名师名校长培养工程,旨在培养一批在省内外享有盛誉的名师名校长,促进我省教育高质量发展。

　　"十三五"期间,福建教育事业紧紧围绕"新时代新福建"发展战略,坚定不移走以提升质量为核心的内涵发展之路,着力推动规模、质量和效益的协调发展,努力让教育改革发展成果更多地惠及民生,让人民群众有更多的获得感。2017年,省教育厅会同财政厅启动实施了"十三五"中小学名师名校长培养工程,在全省遴选培养100名名校(园)长、培训1000名名校(园)长后备人选、100名教学名师和1000名学科教学带头人。通过全方位、多元化的综合培养,造就一批师德境界高远、政治立场坚定、理论素养深厚、教学能力突出(治校能力突出)、教学风格鲜明(办学业绩卓越)、教育视野宽阔、富有开拓创新精神、在省内外有较大影响力的名师名校长,为培育闽派教育家型校长和闽派名师奠定基础,带动和引领全省中小学教师队伍建设,为推进我省基础教育优质均衡发展、办好人民满意教育,为"再上新台阶、建设新福建"提供有力的人才保障。

为扎实推进福建省"十三五"中小学名师名校长培养工程,保障实现预期培养目标,福建教育学院作为本次名师名校长培养工程的主要承担单位,自接到任务起,就精心研制培养方案,系统建构培训课程,择优组建导师团队,不断创新培养方式,努力做好服务管理,积极探索符合名师名校长成长规律的培养路径,确保名师名校长培养培训任务高质量完成,助力全省名师名校长健康成长,努力将培养工程打造成全省乃至全国基础教育高端人才培养示范性项目。

在培养过程中,我们从国家战略需求、学校发展需求和教师岗位需求出发,积极探索实践以"五个突出"为培养导向,以"四双""五化"为培养模式的基础教育高端人才培养路径。其中"五个突出":一是突出培养总目标。准确把握目标定位,所有培养工作紧紧围绕打造教育家型名师名校长而努力。二是突出培养主题任务。2017 年重点搞好"基础性研修",2018 年重点突出"实践性研修",2019 年重点突出"个性化研修",2020 年重点抓好"辐射性研修"。三是突出凝练教学主张(办学思想)。引导培养对象对自身教学实践经验(办学治校实践)进行总结、提炼、升华,用先进科学理论加以审视、反思、解析,逐步凝练形成富含思想和实践价值、具有鲜明个性的教学主张(办学思想)。四是突出培养人选的影响力与显示度。组织参加高端学术活动,参与送培送教、定点帮扶服务活动,扩大名师名校长影响。五是突出研究成果生成。坚持研训一体,力促培养人选出好成果,出高水平的成果。

"四双":一是双基地培养。以福建教育学院为主基地,联合省外高校、知名教师研修机构开展联合培养、高端研修、观摩学习。二是双导师指导。按照理论联系实际原则,为每位培养人选配备学术和实践双导师。三是双渠道交流。参加省内外及境外高端学术交流活动,积极承办高水平的教学研讨活动,了解教育前沿情况,追踪改革发展趋势。四是双岗位示范。培养人选立足本校教学岗位,同时到培训实践基地见学实践、参加送培(教)活动。

"五化"：一是体系化培养。形成"需求分析—目标确定—方案设计—组织实施—效果评估"的培养链路，提高培养专业化、精细化、科学化水平。二是高端化培养。重视搭建高端研修平台，采取组织培养人选到全国名校跟岗学习、参加国内高层次学术会议和高峰论坛、承担省级师训干训教学任务等形式，引领推动名师名校长快速成长。三是主题化培养。每次集中研修，都做到主题鲜明、内容聚焦，坚持问题导向和结果导向，努力提升培养的针对性和实效性。四是课题化培养。组织培养对象人人开展高级别课题研究，以提升理性思维、学术素养和科研水平，实现从知识传授型向研究型、从经验型向专家型的转变。五是个性化培养。坚持把凝练教学主张（办学思想）作为个性化培养的核心抓手，引导培养人选提炼形成系统的、深刻的、清晰的教育教学"个人理论"。

　　通过三年来的艰苦努力，名师名校长培养工作取得了显著成效，积累了丰硕成果，达到了预期目标。名校长培养人选队伍立志有为、立德高远的教育胸襟进一步树立，办学理念、政策水平和管理能力进一步提升，立功存范、立论树典的实践引领能力进一步提高，努力实现名在信念坚定、名在思想引领、名在实践创新、名在社会担当。名师培养人选坚持德育为先、育人第一的教育思想进一步树立，教书育人责任感、使命感和团队精神进一步强化，教育理论素养进一步提升，先进教育理念进一步彰显，教育教学实践和创新能力进一步增强，独特教学风格和教学主张逐步形成，教育科研和教学实践均取得了丰硕成果。一是专项研究深。围绕教学主张或教学模式出版了38部专著。二是成果级别高。84位名校长人选主持课题130项，其中国家级6项；发表CN论文239篇，其中核心16篇；53位名师培养人选主持省厅级及以上课题108项，其中国家级7项；发表CN论文261篇，其中核心81篇。三是奖项层次高。3位获2018年教育部基础教育国家级教学成果奖二等奖；15人获得2017年、2018年福建省基础教育教学成果奖，其中特等奖3位、一等奖7位、二等奖5位；1位评上国家级"万人计划"教学名师；34位培养人选评上正高级职称教师；13位获"特级教师"称号；2位获"福建省优秀教师"称号。四是辐射引领广。开设市级及以上公开课、示范课203节；开设市级及以上专题讲座696场；参加长汀帮扶等"送培下乡"活动239场次；指导培养青年骨干教师442人。

　　教育是心灵的沟通，灵魂的交融，思想的碰撞，人格的对话，名师名校长应该成为教育的思想者。在我省名师名校长培养对象即将完成培养期时，福建教育学院培养基地组织他们把自己的教学（办学）思想以著作的形式呈现给大家，并资助出版了"福建省'十三五'名校长丛书""福建省'十三五'名师丛书"，目的就是要引领我省中小学教师进一步探究教育教学本质，引领我省中小学校长进一步探究办学治校的规律，使名师名校长培养对象成为新时代引领我省教师奋进的航标，成为办人民满意教育的先行者。结束，是下一阶段旅程的开始，希望我省名师名校长培养对象不忘立德树人初心，牢记为党育人、为国育才使命，积极投身新时代新福建建设，为福建教育高质量发展再建新功。是为序。

福建教育学院党委书记、教授、博士

郭春芳

2020 年 8 月

前　言

在我刚开始走上教师岗位,给学生上课的时候,常有这样的情况发生:我在讲台上激情飞扬地讲解,学生圆睁着眼睛望着你但面无表情。有时候你会说"其实地理是很有趣的"或者"同学们看看这幅图,想象一下……",但学生回应你说:"没感觉。"学生完全不能体会到你的思维过程和感受。后来我终于明白,学生听不懂、学不好,很大的问题出在"感觉"上。所谓感觉就是一种体验。知识概念是存在于具体的、情境性的、可感知的活动之中,它们只有通过实际应用活动才能真正被理解。建构主义学习理论认为,知识是学习者在原有经验基础上主动建构的,知识不是通过教师传授的,而是学习者在现有的环境下,利用必要的学习资料或者实验、演示、考察、调查等体验,通过意义建构的方式获得的。而且学习的目的在于应用,一方面用于个人的基本生活,一方面用于服务社会,追求知行合一、学以致用的境界。

地理现象背后往往有着吸引人的故事,这些故事有的神秘莫测,有的趣味十足,有的感人至深,十分吸引学生。有了直观形象的素材,辅以带有感情色彩的故事,通过项目活动研究等从多方面来调动学生的情绪,启发学生的智慧,对塑造学生的人生观和品格有着重要的作用。

天地万物皆有其道,人与自然的关系亦是如此。自然与人文相得益彰,人依存于自然,又丰富了自然。自然与人文的有机结合就是地理之道,也是当今地理学科核心素养之人地协调观。选择成为一名地理人,是我的人生之道,出于热爱,"循道"思想让我和学生们都受益颇多。更确切地说,"循道•地理"主张是对我多年教育教学工作的总结。

结合当今考试的要求,试题以立德树人为核心,联系生产生活,注重引导学生关注人类所面临的人口、资源、环境和发展问题,初步认识环境与人类活动的相互关系,树立尊重自然、人地协调、因地制宜的可持续发展理念,可见地理实践力的培养尤为重要。这十几年来,我陆续结合地理实践力专题系列化的课题研究,创造学生学习的具身环境,重视学生间的合作和交流,同伴互助,建立起几个学习团队,团队里的成员分别承担"团长""发言人""导师"等不同的角色,在项目学习研究上,团队成员可以共同探究和讨论;课后,团队内又可以起到同伴辅导和相互监督的作用。这种方式不仅让学生好学、乐学,合作研究、合作实践,还提高了学生的自我管理能力。在初中,同伴的影响可能比老师和家长更有效。在实践力培养过程中,孩子们得到阳光向上的成长。这就是"循道•地理"的追求。

"走近闽江河口湿地"地理综合实践活动,紧密贴近学生自身生活和社会生活,符合新课程"学习生活中有用的地理"的理念,充分挖掘闽江河口湿地具有探究性、时代性、灵活性、开放性的地域特色课程资源。由学生自主实践和探索,体现对知识的综合运用,它超越课本,超越课堂,以乡土问题为载体,以学生发展为起点,走向自然,走向社会,走向生活,增强学生对自然、对社会、对生活知识的渴求。

意大利教育家蒙台梭利在19世纪就提出了"实践是孩子最好的老师"。她形象地解释:"一件事,我听到了随后就忘了;看到了,也就记住了;做了,很自然地就理解了。"受此启发,我在福建教育学院参加福建省"十三五"中学名师培养的三年时间里主要研究的课题是"基于地理实践力培养的校园测绘活动研究",组织开展校园测绘活动,为学生创设测量和绘制校园平面图实践学习的场域,让学生参与测绘活动,通过实地仪器装配、学习测绘,让师生、生生合作参与探究、设计方案、实地测绘、现场纠错、调整方案、解决问题、绘制成图、展示汇报等过程。我们需要用所学解决在现实复杂情境中的问题,从而提升关键能力和必备品格。

布鲁纳认为,学习者在一定的问题情境中经历对学习材料的亲身体验和发展过程才是学习者最有价值的东西。教学要积极响应研学旅行教育之路,切实做好思政课程的研学实践劳动教育,很需要教师根据校情和生情,不断整合教学资源,设置科学的校本课程,校内通过考题中的图片、问题、短视频、案例、链接等多种形式,创设问题情境使教学更接近现实生活,使学生如临其境,如见其人,如闻其声,突出体验;校外适当组织师生参与研学旅行,如探秘丹霞,问道山水间;访古制茶,感受生活之道;寻味西埔村状元故里;重走宁德下党乡幸福之路等。

教师教学时应创造条件带领学生到真实的情境中,进行知识的探索和建构,经常和学生共同思考、共同学习,去体验他们的思考过程,帮助学生快乐学习。当把学习的过程做好,学习的结果也就自然呈现。"循道"教育唤醒教师和学生的生命自觉,即《循道·地理》意义所在。

陈白

2021 年 2 月

目 录
CONTENTS

第一章

地理"循道"，回归本心

老子把"德"分为"上德"和"下德"，上德便是"循道"。"道"孕育天地万物却不居功。习近平总书记在党的十九大报告中提出：人与自然是生命共同体。"循道自然"，即尊重和遵循客观的事实和规律，做人如此，做事如此，教育更如此。地理与自然关系密切，它所能达到的德育目标是更为深远的，它教会学生放眼天地之道，立足大德大爱。地理循道回归本心，培育人地协调观念意义深远。

在教学上，"循道"思想让我和学生们都受益颇多。更确切地说，"循道"主张是我对多年教育教学工作的总结与凝练。

第一节 我眼中的"道"

在儿时的记忆里,"道"这个字就像是一位先知,带着一个秘密,我始终很想弄懂背后的玄妙,但他笑着告诉我:"天机不可泄露!"老师所谓"天地万物皆有其道",这句话至今还深深地印在我的脑海里,或许是因为好奇但又不明白吧。这个"道"究竟是什么?是道路吗?是哪条路?通往哪里?……那时候的我对"道"浮想联翩,脑子里却是一团糨糊,在那当下,我终究是没能悟出其奥妙,这种悬而未决的感受在我心里埋下了一颗种子。此时,当我走过不惑之年,却发现,这简简单单的一个字,我竟用我的半生去寻找答案。我感慨,"道"大概是需要有生活阅历才能看得懂吧,它或许有一个明确的定义,但之于每个人,意味着不同的人生。

老子是一位生活在两千多年前的学者,孔子见老子,曰:"其犹龙邪!"[①]足以见其超凡脱俗之相。在那个生产力大不如今且动荡不安的社会里,老子竟能把世间万物看得如此通透,着实令我敬佩。

道家学说是一门传承和发展了两千多年的智慧。老子认为"道"是天地万物之本源。道,"先天地生"。天地和万物都由道而生,"道生一,一生二,二生三,三生万物"。天与地、阴与阳、四季更替、山川河流、虫鱼鸟兽、生老病死等万物万象均为"道"的幻化。

道有两种形态,"无"和"有"。"无,名天地之始",指的是天地生成之前的混沌状态;"有,名万物之母",则表现出对世间万物的孕育。道空虚无形,但影响无边无际,永无止境。《圣经》有言,宇宙有一个起点,这个起点似乎就是老子所言的"道"。"大爆炸宇宙论"(The Big Bang Theory)认为:宇宙是由一个致密炽热的奇点于 137 亿年前一次大爆炸后膨胀形成的。然而这个奇点是怎么来的?也许两千多年前老子提出的"道"便是对此疑问的一种解释吧。

道,"独立不改,周行而不殆"。"道"是无法赋予人类意志的,是喜是悲,是好是坏,它都在那里。罗大伦在书中说:"老子认为,世界是在道的设

---

① 司马迁.史记[M].长沙:岳麓书社,1988:493-498.

计下产生的,是道在支配世界的运行,道是世界运行的法则,所以,道也是万物运行的规律。"①"万物之所然也""万物之所以成",韩非子把道视为物质世界的普遍规律、天地万物存在与发展的总依据。《淮南子》中说:"道之可以弱,可以强;可以柔,可以刚;可以阴,可以阳;可以窈,可以明;可以包裹天地,可以应待无方……""山以之高,渊以之深,兽以之走,鸟以之飞,日月以之明,星历以之行,麟以之游,凤以之翔。"这又强调了道为万物之本、万事之律,它变化无穷,无所不在。道在天地生成以前就存在于浩瀚的宇宙中,当天地生成以后,道就在万事万物中发挥着自身的作用,贯穿万物的生成、生长、发展、消亡的始终,作为一种自然规律客观存在着。

天地万物皆有其道,现在在我看来,即指所有的事物都有存在与发展的规律。从宇宙万象到我们生活的方方面面都是"有道"的。我们身边常见的自然现象,日出日落、潮起潮退、天气变化等等,皆因其道而出现,依其道而变化。不是我们说"太冷了,天气该暖和了",气温才升高;也不是我们说"下点雨吧",雨就会乖乖地落下来。该回暖的时候,气温自然会升高;该下雨的时候,雨便会如期而至。齐家治国,为人处世也是如此。唐太宗有句名言:"水能载舟,亦能覆舟。"他把百姓比作水,把自己喻为舟,可见他非常重视百姓,所以唐太宗统治期间,出现了"贞观之治"的局面。唐太宗之所以能成为一名受民爱戴的好皇帝,正是因为他顺道而行,掌握了治国的规律。

"知常曰明。不知常,妄作凶。"如果我们离经叛道,往往会有凶险和恶果。诸如此类的例子屡见不鲜:揠苗助长,却事与愿违;滥砍滥伐造成水土流失、沙尘横行……

是什么让我们迷失?老子认为天地之所以能够长久存在,得益于"无私",而无私的反面,是"贪欲"。这里的贪欲,说的是把某些东西,比如功劳、钱财、名誉等等,看得过于重要,太过在意和计较,就成了"贪"。贪欲让人迷失本性,背道而驰。"道"孕育天地万物却不居功,也不夸耀,它不露锋芒,幻化于无形,人们感觉不到它的存在,但它的功绩存在于万物之中,是万物之本。"曲则全,枉则直,洼则盈,敝则新,少则得,多则惑。"倘若太过于计较得失、名利、荣誉这些东西,会走向另一个极端。有人因为纵欲过度而失去健康,有人因为患得患失而郁郁寡欢,有人因为贪图钱财而大呼上当,有人因为过于计较而众叛亲离……人如此,治国理政也如此。秦始皇独创"皇帝"一词,用以表示自己的功绩盖过三皇五帝,他征发大量徭役大

---

① 罗大伦.道德经说什么[M].北京:北京联合出版公司,2019.

兴土木，加重农民赋税以充国库，最终导致农民起义爆发，秦朝二世而亡，他的好大喜功成就了他，也毁掉了他，所以，贪欲让人蒙蔽双眼，失去理智，走上逆道之路。

人与自然的关系亦是如此。习近平总书记在党的十九大报告中提出：人与自然是生命共同体。人与自然存在着高度统一性，自然环境是人类发展的物质基础和保障，人类自身的生存和繁衍离不开自然界提供的广阔场地和充足能量。自然生态环境是人类进行活动的必需场所，如果不存在自然，那么包括人类在内的一切生命体都是不存在的①。人类的健康状况和生产生活质量都会受到自然环境的制约。人与自然讲究和谐相处，如果打破了这一平衡，一方凌驾于另一方之上，就会出现问题。

然而人类，常常因为贪欲而想要主宰这个世界，一旦产生这样的念头，就背离了道，这必将导致更多的失去。恩格斯说："我们不要过分陶醉于我们对自然界的胜利。对于每一次这样的胜利，自然界都对我们进行了报复。"随着科技的进步和社会的发展，人类的欲望也渐渐膨胀，开始了对自然界无尽的索取，这终将导致人与自然关系的破裂。1956年，日本水俣镇出现一种怪病，轻者口齿不清、步履蹒跚、面部痴呆、手足麻痹、感觉障碍、视觉丧失、震颤、手足变形，重者精神失常，或酣睡，或兴奋，身体弯弓高叫，直至死亡。这种病叫作"水俣病"。水俣病的致病元凶是一种剧毒重金属——汞，它源于当地氮肥工厂排放的工业废水。追求经济利益，却引来了轰动世界的公害病，牺牲了百姓的健康和生命。权衡利弊，人类最终为自己的贪念买单。类似的事件屡见不鲜。人类为了满足猎奇心理，用凶残的方式训练动物为我们表演，最终酿成动物伤人的悲剧；为了追求过分的健康和美味，海豚、穿山甲、鹿茸、熊胆，都成了能入口的美食和补药；为了追求经济利益，大肆捕杀动物、损毁森林、污染环境，最终导致生态环境的恶化和资源的枯竭。越来越多的气候灾害、越来越高的海平面等等都是逆行倒施导致的恶果。

"道"生养万物却把自己位置放得很低，所以"道"常在。天地自然默默施与人类恩泽，但很多人不以为然，把大自然赐予人类的一切看成是理所应当，心无感念。感恩自然是人类存在于天地间的最基本态度，向自然过度索取必将使人类深受其害！人类必将无法征服自然，这是铁一般的事实，这是道！如果我们能够收起私心，去除贪念，不妄想主宰万物，不强调

① 曲岩.论人与自然的关系[J].决策探索,2018(6):81-82.

自身的功过、荣辱,也就能够看清世上的"道"。敬畏自然、感恩自然,与自然和谐共生,二者终将长久于世间,这就能够做到"可持续发展"。

习近平总书记说:"绿水青山就是金山银山。"这句话我非常喜欢,它体现了"道"的原理。当你尊重自然,让它按照自己本身的规律去发展的时候,它便会给你带来经济上的回报。福建省会城市福州有 107 条内河,绵延 244 公里,是全国水网平均密度最大的城市之一。十多年前,由于过度排放,福州的内河成为"黑""脏""臭"的代表,沿河两岸的居民平时都不敢开窗,许多市民对内河也是避而远之。近几年,政府开始加大力度整治内河水系,不仅解决了内河的"黑脏臭"问题,还在内河沿岸建起了串珠公园。随着内河水质及其周边环境的改善,福州的城市美了起来,市民们的幸福指数也提高了。现在,福州内河还建起了水上交通及游船项目,内河沿岸也成为许多市民经商投资和居住的心仪之地。可见,经济利益是"顺道"来的,当我们做好自己本分的时候,好的结果也就跟来了,根本不用太过于计较结果。很多时候,我们把因果关系搞反了。

这就是我理解的"道",虽然看不见、摸不着,但我能够时刻感受到它的存在和力量。当然,寥寥数语并不能够完美地描述它,现在的我,还将继续与道共存,赋予自己更清晰、更深刻的内涵。

第二节　循自然之"道",寻教学之"法"

"道"不仅是对世界及其规律的解释,更蕴含着做人做事的道理。"循道自然",即尊重和遵循客观的事实和规律,做人如此,做事如此,教育更如此。这里所说的"自然",跟我们现在所理解的大自然稍有不同,"自然"一词由老子最早使用,他将"自"和"然"合起来,创造了这么一个词,指的是万物的自然,意思是自己造就,自己完成[①]。万物不受外部力量的干涉,有自己的本性,有自己的运行规则,自然而然存在和成就自身。这是"道"的思想,任何事物都是由自己的"道"孕育的,这就是"自然",自然而然,浑然天成。这其中,包括我们赖以生存的大自然,也包含人类社会。从老子使用

---

① 王中江解读.老子[M].北京:国家图书馆出版社,2017:23.

的"自然"来看,万物本身就有其运转的方向和力量,不需要其他人加以控制或干涉,其中的规律,强求不得,也挥之不去,所以人不用多做什么,也不用把一些结果都归咎于自己,只要顺着万物的"道",就可以了。这就是我所理解的"循道"。

"循道"即是"无为"。"无为"是"道"的运行方式①。道家学说主张"无为而治"。《道德经》中提到"是以圣人处无为之事,行不言之教""为无为,则无不治"等,都反复告诉大家要"无为"。老子反复强调无为的作用及其重要性,他认为有些事不需要操心太多,便能够水到渠成,而有的时候,你做太多或者说太多,反而没有好处。其实"无为"并不是什么都不要想、什么都不要做,而是要依照事物发展的规律去办事,万物得其本者生,百事得其道者成,只有"循道"的"无为"才能有效果,而"离道"或"逆道"的"有为"则是徒劳,抑或灾难。三皇五帝时期,黄河常年泛滥,禹的父亲鲧受命负责治水,他用堵截的方法治理洪水,九年都没有成功,最后心灰意冷,前功尽弃。禹则采用"疏导"的办法,他根据地理情况,把整个国家的山水当作一个整体来治理,平整土地,挖通水道,将洪水分流,成功解决了黄河水患,造福人民。大禹治水按照科学规律来办事,最终获得胜利,而他的父亲只是单纯地"水来土挡",没有分析地势情况,全凭经验办事,而导致了消极后果。这个例子很明显,大禹治水花了13年,他也付出了很多心血,并不是什么事都不做就盼着洪水能自己平静下来,而是他善于总结经验,依照客观规律找出治水的办法,而不多做与科学治水无关的事情,只"疏通",不"围堵",只"治水",不"回家",此乃"无为"。看似无为,实际却有为,只是不做无关和多余的事罢了。要真正做到"无为",就必须有"道"而循,尊重万物、尊重客观规律,才是为人处世之"道"。

"循道无为"思想对我的人生也有重要的影响。从小我便喜欢大自然,春赏百花,夏听虫鸣,秋收硕果,冬品雪景。平日里,我从书中感受自然之美,闲暇时,我选择在自然中放松自己。万物和谐赋予这个世界多彩和生机,也充实着我的精神世界。我对自然充满好奇,总是会细细地欣赏和品味各种自然景观和现象。当我的足迹踏遍更广阔的天地时,我找到了赋予自然界更多意义的人文之美。人在"道"中,是自然的一部分,天地间因有人而更显灵动。辽阔的草原上,那达慕的马蹄声打破了无边的寂静;巍峨的雪山之下,朝圣者的虔诚谱写了一曲信仰之歌……自然与人文,相得益

---

① 王中江解读.老子[M].北京:国家图书馆出版社,2017:23.

彰,人依存于自然,而又丰富了自然。自然与人文的有机结合就是地理之道吧。选择成为一名地理人,或许就是我的人生之道:出于热爱!

虽然喜欢地理,但我对地质勘探、绘制地图这些课题并没有太多的兴趣,反而是对人文的关注促使我选择了教师这个职业。老子告诉世人:要像婴儿一样,保持自然向上的状态,没有贪欲,没有私心。因此,我选择了教师这个职业,这是一群最单纯最纯真的人,他们充满朝气,充满活力,能够帮助我保持一颗童心,一颗初心! 我喜欢和孩子们在一起,喜欢看着他们长大,变成大人们的样子。

我对人生的选择并没有过多的想法,只因一份喜爱。我没有顾虑这条路会不会走得很艰难,也没有担忧我将来会不会后悔。我想,正是因为这种“无为”,我才能在地理教师这个岗位上走得更久、做得更好,这或许也就是我的“道”。

在教学上,“循道”思想让我和学生们都受益颇多。更确切地说,“循道”主张是我对多年教育教学工作的总结。我刚刚参加工作的时候,非常在意学生的成绩,我希望我所教的每一个学生都能学到很多知识,都能考得好。因为我觉得成绩是衡量学生学习的一个重要指标,我总是希望学生能够多学点知识,考个好高中,成就美好未来。同时,学生取得好成绩,是对我教学工作和教学水平的肯定:如果我的学生地理成绩很好,有的学生长大后能够受我的影响而选择地理专业,那肯定特有面子,特自豪! 然而现实并不是我所想象的那样。我很努力地备课,梳理知识点,在课堂上认真地讲解,巴不得把我所知道的全都教给学生。我监督学生背书,花时间进行课外辅导,但并不是所有的学生都能够提高成绩,特别是一些底子差的学生,无论你做了什么,他都无法进步,还有一些学生,我怎么教他都不领情,给你一副“没劲儿”的表情。这让我感到筋疲力尽,我耗费大量时间和精力,一片苦心却换得这么个不尽如人意的结果,我的情绪被深深的挫败感影响,我很想教好我的学生,但是我力不从心。

从“循道”的角度来看,刚走上教师岗位的我犯了几个错误。首先,我没有按照规律去教学。我只一味地追求成绩,让学生多学,但是我忽视了教与学的门道,做了很多无用功。其次,我起了贪欲之心。我想居功,把学生成绩和他们的未来与我个人的荣誉挂钩,把自己的功绩、荣辱看得太重,所以我患得患失,离“道”越来越远。

总结了经验以后,我开始改变我的教学方式。我把关注点放在了学生的“学”上,我认识到学生是有个体差异的,他们的个性、兴趣、能力以及知识经验是不同的,所以同一个班级里存在学生成绩的差异是再正常不过的事了,不能要求所有学生都考得好。正因为差异性,所以不是所有的学生都喜欢学习地理,或者擅长学习地理,可能有的学生在其他方面的表现要好过我的认知。当我开始尊重学生的差异时,我便理解了有的学生为什么不喜欢学地理,了解了有的学生的知识经验、学习方法会影响他的学习,所以每个学生取得或好或差的成绩是有原因的,我必须去寻找每个学生的差异,因材施教。有的学生不懂学习地理的方法,我就教他们怎么学习;对于不喜欢地理的学生,我就尽量把课上得有趣一些,吸引他们的注意力;有的学生对学习丧失信心,我就跟他谈谈心……因材施教,这个大教育家孔子早在几千年前就提出来的教育方法,竟然因为对结果的过于计较而被我忽视了。所以,当我找到"道"的时候,也就明白了该怎么做。在了解学生的过程中,我还发现,当我把关注点放在学生身上时,我就不再那么计较成绩了,糟糕的情绪也有所缓解。有些学生虽然成绩始终没有提高,但他们跟我的关系变得更近了,似乎我没有做得太多,但结果在慢慢变好,这就是"无为而治",是"循道"的力量。

我在给学生上课的时候,经常有这样的情况发生:当我在讲台上激情飞扬的时候,学生圆睁着眼睛望着我,面无表情。有时候我会说"其实地理是很有趣的"或者"你们看看这幅图,想象一下",但学生跟我说"没感觉",他们完全不能体会到我的思维过程和感受。后来我明白,学生听不懂、学不好,很大的问题出在"感觉"上。

所谓感觉,就是一种体验。建构主义学习理论认为,知识是学习者在原有经验基础上主动建构的。知识不是通过教师传授的,而是学习者在现有的环境下,利用必要的学习资料通过意义建构的方式获得的。课本上的地理知识,是前人经过反复实践和研究证明的,它们直接浓缩到课本中,作为间接经验传递给学生。跳过了主动探究的过程,学生是缺乏体验感的,没有"感觉",就学不会,学不透。人总是对自己参与过的事件更有感觉,对于别人的事情难以做到感同身受,所以学生对间接经验是缺少感觉的,因为书上那些知识的生成和论证不关他的事。

怎样帮学生找到学习地理的感觉呢?既然学生对间接经验没有感觉,那么如果将它改造成直接经验呢?是不是有什么办法能让学生自己主动生成这些知识呢?建构主义理论认为,知识概念是存在于具体的、情境性的、可感知的活动之中,它们只有通过实际应用活动才能真正被理解。因此,教师可以通过创设有感染力的事件或问题情境,让学生在发现问题、分析问题、解决问题的过程中,获取新的知识。现代教育理论改变了我的教学思路,我通过情境教学的设置,首先激发学生的兴趣,让学生在我的引导下自主思考,主动探究,最后师生共同讨论结果,让学生既学到知识,又获得成就感和解决问题的愉悦。例如,我在讲解季风成因时,不是简单地从讲解现象入手,而是让学生自己来做一个实验,观察沙、水在中午和夜晚不同时刻气温的差异,让孩子们通过简单的动手操作,记录下实验结果,再引申思考海陆热力性质差异,直观地感知季风的成因(详见第二章),这样的方式让更多学生参与其中。生活中的地理更能引起学生的好奇,这样的学习方式动手、动脑、动心,效果更是理想。

社会建构主义更强调学习的社会性,重视社会性活动在经验获得中的作用,提出运用合作学习、讨论等方式来建构知识。在我的教学实践中,特别重视学生间的合作和交流,在初中,同伴的影响可能比老师和家长更有效。比如,我在班级里建立起几个学习团队,团队里的成员分别承担"团长""发言人""导师"等不同的角色,课堂上,团队成员可以共同探究和讨论;课后,团队内又可以起到同伴辅导和相互监督的作用,这种方式不仅让学生好学、乐学,还提高了学生的自我管理能力。

就这样,我的教学从知识的讲解和灌输变成了带领学生进行知识的探索和建构,我更经常和学生共同思考,共同学习,去体验他们的思考过程,创设更适合的情境,帮助学生学习。当把学习的过程做好,学习的结果也就自然呈现,这与"循道"思想不谋而合。

曾经有学生问我,他说:"老师,地理学了到底有什么用呢?""可以丰富知识,开阔眼界呀。"我脱口而出,给出了一个非常标准化的答案。学生仍然疑惑:"可是平时我除了知道东南西北,理解日出日落、四季更替,其他的知识我也用不上呀,学那么多有什么意义呢?"我感叹学生对知识学习的功利,但是他的思考不无道理,没用为什么要学呢?就像一个农民,他只要知道怎么生产粮食、怎么提高粮食产量就好了,为什么要学高等数学呢?除非高数是他的个人爱好。

实用主义哲学把知识和真理看成是应付环境的工具,也就是说,学习是用来生活的,如果所学的知识不是人们所需要的,那么学习又有什么意义呢?如果课本上的地理知识能够用到生活中去,那么学生会不会更爱学习地理呢?学生在运用地理知识的过程中,会不会有什么新的启发呢?

我在约翰·杜威的教育学思想中找到了答案:教育即生活。人在生活中与他人相互影响,扩大和改造经验,养成道德品质和习得知识技能,就是教育。经验存在于生活中，所以杜威主张"做中学"。我国著名教育学家陶行知先生也曾提出"生活教育"理论，他认为教育起源于生活，生活是教育的中心，教育应该为生活服务，同实际生活相联系。在教学方法上，他主张"行以求知知更行"，在做上教，在做上学。此二者都强调"知行合一"，认为实践是学习的重要途径，学生在实践中学到知识，并运用知识来解决实际问题，符合学习的规律，也让学习更有意义。

我开始研究实践教学和学生实践力的培养。这既解决了"学"的问题，也让学生体会到"用"的妙处。

平时，我们的教学都在教室中，即使教师能够创设很生动具体的情境，但与真实的生活还是有差距。尤其像地理学科这样，它以大自然和真实人文为研究对象，课堂之外的真实世界更能激起学生的学习热情。例如，我想让学生认识一个地方的地形特征，我可以让学生观察相关的图片，但是图片并不能完全反映出真实地貌，如果能让学生到这个地方走一走，看一看，学生很容易对这里的地形地貌产生直观的印象，我们通过观察周边的环境，还可以推演出这种地貌的形成……与此同时，学生还可以用课堂上学到的知识来进行实验和探究，用所学的知识来解决实际的问题。此时我有了一个大胆的想法，把学生带出课堂，让知识活起来！于是就有了循道地理课外教学实践：闽江河口湿地考察以及泰宁丹霞研学实践（详见本书第三、四章）。

事实证明，我的实践教学尝试取得了成效。学生们带着任务走出校园，在真实的自然环境中进行考察，感受自然，了解自然，在探究的过程中发展思维，在与人互动的过程中不断修正自己的认知，最终建构新的知识，提升自己的能力。这种教学方式趣味十足，让孩子们充满兴趣，自然而然在"发现问题—解决问题"的过程中实现了知识、情感和价值观的升华，整个环节轻松愉快，令人印象深刻。这种实践教学的做法和成果我们将在后面的章节详细论述。相信读完本书以后，您一定会感受到孩子们的喜悦，他们的生命在教育之下得到点燃和绽放的样子，曾让所有参与的老师都为之动容，今天，读者们也定会深有感触。

当找到了适当的教学方法，也就上了教学的"道"，便能够实现"无为而治"。从一开始让学生在课堂上被动地接受我的讲解，我与学生两败俱伤，到现在形成了带有个人鲜明特色的情境探究课堂和课外实践教学，学生"爱学""乐学"，"道"的神奇作用隐藏其中，而正因为"循道"，我与孩子们都有了华丽的蜕变。

第三节 "道"与"德"

从"德"的古代字形演变(图 1-3-1)来看,最初它的左边是"彳",表示"行走",右边是"直",其字形像是眼睛上面有一条直线,左右组合起来就是"行得正,看得直"。后来,在"德"字的右边部分又加了一颗"心",意为"心也要正"。可见,"德"可以理解为对人行为的一些要求。现代的字典对"德"也有多种解释,其中较为常见的意思是"道德""品德"。"德"包含着高尚、美好的寓意,"德高望重""贤德""圣德"等许多词汇都映衬出"德"在人们心中的崇高地位,它也赋予人更高的要求。

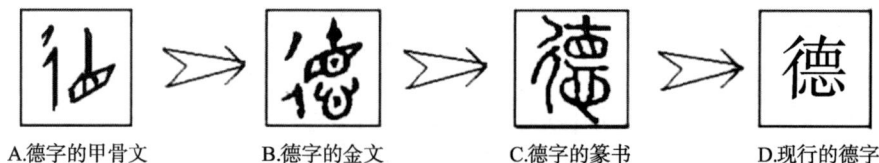

A.德字的甲骨文　　B.德字的金文　　C.德字的篆书　　D.现行的德字

图 1-3-1　德的字形演变

《道德经》中的"道德"并不是一个词,而是由"道"和"德"两个词构成。老子认为"道"是世界的本源和普遍规律,这是"天道",而"德"则是指人道,也就是人生的行为准则,它把道运用于人类的社会生活。"道"和"德"二者在本质上是相同的。老子认为"道"是"德"的本性。只要是合乎"道"的行为,就是"有德";不合乎"道"的行为,就是"失德"。"道"孕育宇宙万物,是"德";"道"使万物生长,亦是"德";"道"不以德自居,不干涉、不强制、不图回报,还是"德"。可见"道"是"德"的最高境界,"德"是"道"的具体表现。

老子把"德"分为"上德"和"下德"。上德便是"循道",它是无形的"德","生而不有,为而不恃,长而不宰",这是最高深的德,强调"无为";而下德则表现为外在有形的德,是不失德,如果失了道,则才需要强调德,以德来规范人的行为,故谓之下德。儒家思想从汉代起便作为正统思想影响至今,其代表人物孔子提倡"德政",但老子认为这是"下德",因为它是不符合"道"的主观意志,是一种"故意而为"。

从老子对"道"的解读中,我们可以知道,道家所说的"德",强调人和物的特性,是一种天生的存在。得了道,就是德,德是一种自然而然的东西,不用刻意为之,不用刻意强调,便是"德",体现了"无为"的思想。有人以为老子的观点过于消极保守,例如老子推崇的"虚静""不争""柔弱""知足""知止"等等观点,都否定了人的主观能动性。然而,老子认为"善建者不拔,善抱者不脱,子孙以祭祀不辍。修之于身,其德乃真;修之于家,其德乃余;修之于乡,其德乃长;修之于邦,其德乃丰;修之于天下,其德乃普"。实际上,老子所谓的"无为"是"不肆意妄为",这种无为,是对自己的无为,即不要为争取自己的名誉、地位、金钱、欲望等去刻意作为,要放下自己的欲望,尽量不要为自己去捞取名利,忘掉形名之分。但是对众生要怎么样? 要"有为"[1]。循道无为,包含的正是修身、齐家、治国、平天下之道,是最高级的"德"。

再来看一种积极入世的儒家观点,儒家讲的"德"具有积极的属性,强调"仁",表现为礼义廉耻和个人修养,更强调人的功能。儒道两家对"德"的两种看法虽看似角度不同,但实为互相补充、相辅相成之关系。道家的"德"神秘高明,崇尚自然,而儒家的"德"美好具体,更加人文。其实,孔子所讲的"德"也包含有"道"的意思。只不过孔子之"道"更侧重于对社会美好结果的期待,他把"道"理解为引导全社会走向光明和幸福的思想路线,所谓的"道德"就是符合"道"之要求的"德",这样的"德",被孔子及其弟子称为"明德"。

《大学》有言:"古之欲明明德于天下者,先治其国。欲治其国者,先齐其家。欲齐其家者,先修其身。欲修其身者,先正其心。欲正其心者,先诚其意。欲诚其意者,先致其知。"儒家学说提出了德的具体做法,反映出儒家的"德"是一种有为的德,可以后天形成。但同老子的观点一样,二者都认为应该做好"修身"这件事情,才能够达到"德"。无论是儒家还是道家,都用了大量的篇幅来论"德",足见我国先贤们对"德"的重视。

现在人们所说的"道德"多是从伦理学的角度上来理解的,属于社会意识形态的范畴。道德是通过行为规范和伦理教化来调整个人之间、个人与社会之间关系的意识形态,是以善恶评价的方式调整人与社会相互关系的准则和规范的总和。它是人们共同生活及其行为的准则和规范,通过人们

---

[1] 罗大伦.道德经说什么[M].北京:北京联合出版公司,2019.

的自律或通过一定的舆论对社会生活起约束作用①。

我国传统文化向来提倡崇德向善。在古代,道德被视为人生最高层次的精神追求,它的地位远高于学业知识,正如《弟子规》里所说:"弟子规,圣人训。首孝悌,次谨信。泛爱众,而亲仁。有余力,则学文。"②对于道德的重视和追求在当今社会仍然受到推崇。千百年来,崇德向善已经成为中华民族的优秀传统,它成为一个民族的价值观,融进每个中国人的人格之中,对我们的社会生活产生潜移默化的影响。道德不仅仅关系到每一个人的修养和生活质量,也是维系社会安定和国家存亡、实现伟大中国梦的重要支撑。2013年习近平总书记在山东考察时指出:"国无德不兴,人无德不立。必须加强全社会的思想道德建设,激发人们形成善良的道德意愿、道德情感,培育正确的道德判断和道德责任,提高道德实践能力尤其是自觉践行能力,引导人们向往和追求讲道德、尊道德、守道德的生活,形成向上的力量、向善的力量。"③对高尚品德的追求从来没有过时,它是我国精神文明建设的重要内容。我们不仅要在认识上做到"德",更要在实践中用到"德",形成一种良好的社会风气。

道德的形成,要靠教育,即德育。我国自古就重视教育,特别是学校教育,而教育的目标,则是培养"德"。《汉书》有云:"古之王者,莫不以教化为大务。立太学以教于国,设庠序以化于邑,渐民以仁,摩民以义,节民以礼……"④现如今,《国家中长期教育改革和发展规划纲要(2010—2020)》中提到教育应坚持"德育为先",可见,德育是学校教育中传统而又重要的一项内容。

对德育的定义有广义和狭义之分,狭义的德育专指道德教育,广义的德育是对学生进行思想、政治、道德、法纪和心理品质的教育。在教育实践中,德育应该是一个"大德育"的概念,不仅仅只包含道德教育,这更符合我国的传统文化。实际上,古代道家和儒家学说都对"德"进行了多方面的阐述,修身、齐家、治国都涵盖"德"的内容。例如,儒家教育的目标就是让"智者不惑,仁者不忧,勇者不惧",这是对人格的培养,也是对不同人提出的道

---

① 中国社会科学院语言研究所词典编辑室.现代汉语词典[M].北京:商务印书馆,2016:269.

② 张学强,李爱民.《弟子规》《孝经》解读[M].天津:天津古籍出版社,2011:7.

③ 中共中央文献研究室.习近平关于社会主义文化建设论述摘编[M].北京:中央文献出版社,2017:137.

④ 魏徵,褚亮,虞世南,等.群书治要·汉书[M].北京:中国书店出版社.

德要求;林则徐"苟利国家生死以,岂因祸福避趋之"则是培养大公无私的爱国情怀,属于爱国主义教育。大德育涵盖的几个方面相互渗透,相互影响,想要做个彻底的划分,不是一件容易的事情。我个人更认同大德育的说法,道德教育只是其中的一部分,这更符合"道"的思想。

在当代,我国教育的根本任务是立德树人。习近平总书记以"明大德、守公德、严私德"对"立何德"做了深刻阐释。强调"把学习奋斗的具体目标同民族复兴的伟大目标结合起来",明国家发展、民族复兴之"大德";注重培育人们的法律信仰、法治观念、规则意识,引导人们自觉履行法定义务、社会责任、家庭责任,守社会文明、风清气正之"公德";学会劳动、学会勤俭,学会感恩、学会助人,学会谦让、学会宽容,学会自省、学会自律,涵养慎思笃行、严于律己之"私德"①。

新时代赋予德育不同的内容,但没有改变德育在学校教育中的重要地位。关于德育教育,古今中外的学者们都提出了自己的观点。卢梭认为人生而为善,所以道德教育就是顺应人的这种天性,这与我国传统文化中的"人性本善"和"无为"的观点不谋而合。在德育方面,我的"循道"教学主张再度体现以人为本、尊重人的特性和身心发展规律,从学生实际出发,使德育在培养人的过程中完成。实际上,"立德"和"树人"是统一的,以"树人"为本,"立德"为先,在育人的过程中实现大德育的目标。

道不可坐论,德不能空谈。在"知"和"行"两个范畴中,德育强调知行合一。在德育的实施过程中,有学者认为有"知"才能"行",认为要先有对道德修养的认识,才能形成良好的品德。按照这个说法,德育应该把重点放在道德认知的形成上。然而,从古至今,我国的教育都很重视实践,德育也是如此。孔子说:"诵《诗》三百,授之以政,不达;使于四方,不能专对;虽多,亦奚以为?"他认为学习是为了实践。荀子也提出了"知之不若行之"的观点,他还指出,评判个人品德优劣的依据是要看他做了什么。实践是德育的目的,如果德育只满足于认知的过程而没有实践,便无法实现品德的形成和社会的和谐,反之,检验德育实效性的标准乃是实践。

在德育教育上,杜威认为,通过记忆语词的方式传授道德观念,效果比较小;相反,道德观念是通过儿童自己参与多种多样的社会活动得来的。也就是说,"行"生成"知",这正得老子"圣人居无为之事,行不言之教"的真传。平时我们讲的"身教大于言传",也正是注重"行"的教育效果,我认为

---

① 吴安春.立德树人为中国教育铸魂[N].中国教育报,2019-11-28(6).

其中的"身",可以来自榜样,也可以源于自己的经验。王阳明提出"知行合一"的观点,认为知行二者不分先后,相互促进。因此有学者总结出德育教育应走"行—知—行"的模式。德育的"行—知—行"模式也体现了我在教学上的"循道"主张,通过丰富的实践体验来建构学生的经验(或认识),再将所学知识运用于生活中。

思政教育是立德树人的关键。现在的学校思政教育,也讲究知行合一,除了开设专门的德育课(如道德与法治、班会课等)传授道德、法律、心理健康、政治等知识以外,还组织了丰富多彩的活动,比如我们的节日、学雷锋活动、优秀班级和个人的评比等等,通过各种方法使学生得到思想和品德的升华。然而,这对于中学生而言,很多活动形式单调,又没有新鲜感,难以引起参与和学习的兴趣,造成了学生被动接受的局面,效果大打折扣。学校的德育活动缺乏系统性和特定情境,与生活实际脱节,学生只知道"提倡什么"和"反对什么",但不明白"为什么"和"怎么办",难以在认知基础上形成情感联系,无法催生出行为的动机[①],致使思政教育在很多时候都流于形式,出现知行不一的现象。

当然,教育工作者们也致力于提高思政工作的实效,如改善思政课堂的教学模式、进行思政教育的学科渗透、倡导开展系列化的实践活动等。在实践教学方面,不少学者也提出需要进行系统性的课外实践,作为课堂内教育的重要补充。2017 年 8 月,教育部正式发布了《中小学德育工作指南》,在德育的"六大实施途径"中提到了"实践育人",即通过开展各类主题实践、劳动实践、研学旅行、志愿服务等,增强学生的社会责任感、创新精神和实践能力。其中研学旅行这种方式引起了我的注意。

研学旅行是在教育部门和学校有计划的组织安排下,通过集体旅行、集中食宿方式开展的研究性学习和旅行体验相结合的校外教育活动[②]。这是一种古老而又新鲜的教育方式,它继承和发展了我国传统的游学、"读万卷书,行万里路"的教育理念和人文精神,带孩子们走出校园,到真实的自然环境和社会环境中,以动手做、做中学的形式,达到拓宽视野、丰富知识、提升实践能力和思想道德水平、培养健全人格的目的,是实施素质教育的

---

① 康明申.中学德育中的知行统一思想探析[D].济南:山东师范大学,2004.

② 教育部等 11 部门关于推进中小学生研学旅行的意见(教基[2016]8 号文件)[EB/OL].(2016-12-19)[2020-10-20].http://www.moe.gov.cn/srcsite/A06/S3325/201612/t20161219_292354.html.

重要途径。

在我校开展的"探秘泰宁丹霞"研学实践(详见第四章内容)中,我看到孩子们在亲近大自然时的畅快,体验到他们在分组活动、相互研讨、书写研学日志、形成研学总结报告等过程中的积极投入和团结合作,听到孩子们在完成任务和解决问题后的欢呼声,感受到孩子们的自信心、爱心和责任心。透过研学旅行,我的眼里不再有为了成绩而苦恼、为了作业而痛苦的学生,取而代之的是热情灵动、色彩斑斓的生命。研学旅行将学生置于真实的社会生活、文化场所、自然环境中,通过有设计的考察探究活动来发展学生的认知、丰富学生的情感体验。在具体的情景中,学生通过感受山河壮美、人文趣事,激发爱国情感,传承优秀的思想和文化;在与人交流合作中,提高人际交往能力和团结协作能力;在积极主动的探索中,培养自己的意志品质和对知识的热爱,它将德育融于生活,让德育贴近实际,贴近学生。把理想与现实有机结合,实现德育认知的具体化,把抽象的高不可及的德育理念平凡化,为思政教育赋予情感色彩[1],奏响了自然、社会、他人和自己的和谐乐章。

德,在实践中形成,在实践中升华。这正是我的"循道"教学主张,不仅仅在教学适用,在德育上也能发挥它的作用。古人的智慧在新时代也不过时,给了我循道的启发,不仅在学科教学上,也在德育上。

第四节 循道地理唤醒大德大爱

思想政治教育是实现立德树人根本任务的关键。思想品德类课程是德育的主阵地。但实际上,德育无处不在,小时候,我们听的寓言故事就包含着许多做人做事的道理;生活中,父母的表扬和批评让我们知道什么是对的,什么是错的;学校里,老师的教导让我们学会遵纪守法……其实,德育不单单是思政课的责任,生活更是承载着德育的功能,德育需要家庭、学校、社会共同完成。

以学科教学活动为主的学校教育是一个有机的整体,各个学科看似是

---

① 董永军.德育贵在知行统一[J].党政干部论坛,2007(1):33-34.

独立运作的知识体系,实际上是相互渗透的,没有一个学科的教学能够彻底撇开其他学科的知识,作为意识形态领域的德育更是蕴含在各种知识的学习和实践当中。正如美国当代教育家托马斯·里考纳所认为的那样,各学科的德育工作都有极大的开发潜力。任何一门学科都是从其哲学母体中发展起来的,有一定的世界观和方法论基础,其内容都含有一定的思想教育性。

我所承担的地理课是初中的一门基础学科,它融合了自然科学和人文社会科学等多方面的知识,综合性强,它以地理环境、人地关系和可持续发展为基本内容,富含丰富的教育资源,可以作为德育的一个有效载体。在地理教学中渗透思政教育内容,可以大大提升德育的效果。说到地理的德育功能,我首先想到的是课程本身的资源。地理学科的素材真的是太多了,大到宇宙的奥秘,小到一张风景图片,都能够带给学生不同的感受和思考,从而影响其世界观、价值观、人生观的形成和品格的塑造,地理学科对学生的思想道德品质的培养是多方位的、具体化的。

地理课堂常会呈现许多直观的材料,例如图片、自然现象、影视资料等,这些材料包括自然美景、神奇的地形地貌等等,不仅给学生以视觉的吸引与震撼,还引发学生"美"和"奇"的感受,对国家对自然产生热爱之情。如在讲授高原的内容时,我给学生看了我国青藏高原的自然景色,学生们被深深地吸引住,惊叹于高原的广阔和神秘,对它产生向往之情。当我介绍珠穆朗玛峰是世界屋脊,讲述戍边战士的感人事迹时,学生们心中燃起了一股自豪感,祖国的美丽和强大深深地印在了他们的脑海里。爱国主义教育和自然环境教育渗透在一场视觉盛宴中,不用讲大道理,不用理解爱国背后的理由,用油然升起之"感"、之"情",实现了爱国主义教育和环境教育。

地理现象背后往往有着吸引人的故事,这些故事有的神秘莫测,有的趣味十足,有的感人至深,十分吸引学生。有了直观形象的素材,辅以带有感情色彩的故事,从多方面来调动学生的情绪,启发学生的智慧,对塑造学生的三观和品格有着重要的作用。当我给学生介绍美洲的时候,会讲到哥伦布发现新大陆的故事,学生们对探险产生了兴趣,对哥伦布探索未知的勇气表示敬佩;当我在讲南极北极的时候,给学生看了海平面上升后,北极熊和海豹因为找不到食物而被饿死的照片,引起了孩子们的同情和怜悯,让孩子们感受到保护环境和可持续发展的重要性;当我说到非洲黑奴的悲惨生活时,孩子们纷纷抨击资本主义的黑暗,对我国的社会主义制度产生认同感。动人的故事娓娓道来,而爱国之情和对生命的敬畏之情也悄无声息地浸润在孩子们的心里。这刚好符合道家学说"以事为诫"的做法，由事到理，以事论理，是道家学者训诫世人的常用方法①。

与其他大部分学科不同的是，地理学科以自然现象和自然规律作为研究对象，引领学生了解大自然，探索大自然，认识天地之"道"，这对学生树立唯物主义世界观有良好的作用。自然界的现象和变化规律本身就包含"德"的属性，以物为师，可通人性。有的学生从四季变化中感受到生命的周而复始，代代相传；有的孩子能在有关海洋的知识中体会到"海纳百川"的胸怀，这些都是对天下的包容和大爱，让孩子们不单单把学习的目的局限在自己的前途和父母的要求上，而是上升到达济天下的高度。这样在大自然的熏陶下立大志、立长志的孩子还真不少见。让学生从大自然的事物和规律中体悟并效仿为人处世之道，是地理学科在德育方面的特殊贡献。大自然的"道"启发学生的"德"，这种效法自然的方式真的很微妙。

2001 年，基础教育改革提出要设置以学生为主体的课堂：重过程，轻结果；重主动探索，轻知识的灌输。那时候，我已经在做一些尝试，我在课堂上设置了探究情境，引发学生的主动思考，形成自己的经验。甚至，我把整个课堂设计成一个实验，让学生自己动手探究，提出问题，自己研究，寻找问题的结论，在以学生为中心的课堂中，学生的个性得以展示，学生的学习兴趣和能力得以提升。不是所有的探究都能够轻松地得到答案，或许会面临一次次失败，或许会没有完成任务，这看似没有获取完整的知识结构，但学生能够从失败中吸取经验教训，提升自己的抗逆力，培养乐观积极的心态。主动探索的课堂使学生有主动性、有责任感，无论成功失败，都为自己的行为负责，重在参与，对孩子们形成健康心理和健全人格是有好处的。

分组合作学习的形式在我的地理课堂上是常见的。学生们在与同学的互动中，能够更了解自己，获得更明确的人生定位，人际交往能力也在此过程中得到提高。有的孩子活泼热情，做事积极主动，带动性强，而有的孩子性格内敛，不善交流，常常躲在幕后，在小组合作情境下，每个孩子的个性特征都会显露出来，久而久之，有的学生会认为自己适合当领导者，有的人则更喜欢幕后工作，有的人善于辩论，有些人善于思考，学生们在地理课堂上也能够实现心理健康的学科融合。这不仅能提高学生的学习兴趣，还有利于我因材施教，根据孩子的不同类型，采取不同的教育方法。地理学科从此更关注每个学生，而不是冷冰冰的成绩。

---

① 　吕锡琛.论道家的道德教育方法[J].道德与文明,1996(5):29-30.

地理与自然关系密切，它所能达到的德育目标是更为深远的，它教会学生放眼天地之道，立足大德大爱。教室里的信息是有限的，难以感受到更真实的世界。一个人的格局大小，是和他的眼界、见识、生活经验有关的。如果没有感受过天地的广阔和博大，没有看到自然的多样和灵性，便无法站在这种高度上去认识自己。只有立足于天地间，才会对世界和生命的本质有不同的视角，才能更有远见、更谦卑、更善意，这样便越来越接近"道"，自然也就有了"德"。所以我带学生走出课堂，在教室外进行了地理实践教学的尝试（详见本书第三、四章内容），学生们在真实的自然环境中进行探索实践，呼吸郊外新鲜的空气，观察自然中的一草一木，听生灵们诉说自己的故事，感悟"上善若水"的妙处。任何一种体验都是真实的、奇妙的，在课堂上所不曾有的。参与实践的学生曾说："课外实践带给我的不仅是有趣，还有感动，大自然带给我们美妙的感受，任何一种生命都应该值得被尊重。"这是一种众生平等的价值观，是一种大德大爱，在校外的实践中得以生根发芽。儒家讲的"德"着眼于人伦关系，而道家讲的"德"则把人类放在整个生态系统中讨论，把"德"上升到了"道"的层面，更利于学生用系统的、发展的观点去看待物我关系，更好地了解自己和世界，以及二者之间的相互作用。

实际上我们现在提倡的新伦理道德，是在道家的观点上建立起来的，它提倡"处理好人与自然之间的关系，处理好眼前利益和长远利益、当代人和后代人的关系，用道德教化规范人们的生产生活行为，从而实现人类的可持续发展"。

第五节　让地理教育回归本真

我从事教育工作多年，但总有一些事情困扰着我。例如我在当班主任期间，发现有一些学生，十几岁了，连拖地都拖不清楚；有的学生成绩很好，但是对班级事务从不热心，家务事也从来不插手，诸如此类的学生，总让我爱不起来，虽然他们循规蹈矩不惹事，虽然他们勤奋苦读成绩好。这就让我想到一些大学生，虽然是名牌大学毕业，但一直找不到工作；还有一些大学生，学历虽高，但在工作岗位上总不受人待见；然而有些学生，学历不高，专业不对口，但仍然受领导重视，业绩也很好。这是怎么回事？我们花费大量时间和精力培养出来的学生，只会读书考试，却不会劳动。

当然，还有一些更让人痛心的事情，有的学生因为老师的一句话而放弃学习；有的学生，因为一个小玩笑而疯狂报复同学，甚至让对方付出生命的代价；还有的学生，因为被家长批评而放弃生命……现在的孩子，太缺乏抗挫折能力了，这背后是心理健康出了问题，反映的是人格不够健全和对生命的不敬与轻视，这其中，教育的责任重大。

什么样的教育会培养出这样的人？我在"道"的思想里找到了答案：现在的教育，太急功近利了，我们的教育，正深陷在"唯分数论"的泥潭里。焦虑的家长们希望自己的孩子成为人中龙凤，读好书，考好大学，找好工作，赚大钱，这成为很多家庭培养孩子的最终目标。而升学率、中考成绩、高考成绩也跟学校的名誉和老师的考核直接挂钩。家长、学校乃至整个社会，将成绩的效益无限扩大，而忽略了更重要的东西。许多人的逻辑是这样的：有了好成绩，就能考上好大学，考上好大学，就能找到好工作，有了好工作，以后的生活才幸福。我不禁想问：那么多没有考上好大学的人，就找不到好工作，不配享有幸福了吗？就拿众所周知的阿里巴巴创始人马云来说，高考考了三次终于被录取到一所还不错的大学，按照众人的逻辑，淘宝、支付宝等网购和支付平台是不可能在他手里诞生的，然而，事实打脸众人，现在很多学生都说将来想成为像马云一样的人。反过来，我在前面也提到，有些成绩好的或者名牌大学的学生也不见得很幸福。这样看来，成绩好并不等于幸福。但是，教育为什么会走向"唯成绩论"的误区呢？因为忘记了教育的初心！

社会的发展越来越快，我们想要的也越来越多，教育的本质越来越模糊。这便印证了老子的观点，世人的贪，蒙蔽了教育的眼，让教育失道了，所以为了循道，老子提出要回归到最原始简单的状态，像婴儿一般去生长。所以，教育要上"道"，首先要退回原点，想清楚：教育是什么？教育要做什么？只有牢牢抓住教育的初心，才能够冲破欲望，看清方向。回归教育的本质，鲁迅曾说："教育是要立人"；蔡元培认为教育是帮助人发展自己的能力，完成他人格的塑造；陶行知也说教育是"培养有行动能力、思考能力和创造能力的人"，无论从哪种观点入手，教育所指向的都是"人"，所以，教育是一种提高人综合素质的实践活动。

所谓教书育人，很多时候，我们只顾着教书，而忘记了育人。老师们教书，更多注重的是知识技能的传授。学生知道得多，成绩好，考上好大学，似乎成为学校和家长共同的期盼，而成绩好，考上好学校，这是一种精英教育，是育才，而非育人。我们来看看一些所谓的精英是什么样子：十几年前发生的清华大学学生残害黑熊和复旦大学研究生虐猫事件引起公众哗然；某大学一名研究生导师因同时与多名女学生"师生恋"被学校开除。名牌学府、高学历知识分子，竟然做出漠视生命、践踏他人尊严之事，这样的学霸，却是社会的祸害，这是我们想要的精英吗？学业是好，但品行不端，最终只能害人害己。所谓的精英并不只是成绩好，他们要有更多重要的特质支撑。而有些真正的精英，在学校的成绩并不好。光有好成绩就能成为精英，那是痴心妄想。无论是精英还是普通人，都要有一些必备的思想和品质，那就是"人性"。

无论社会如何发展，成为一个"人"应该是教育的最基本目标和底线。教育的对象是人，首先应培养人，之后才是精英。成人是根，成才是花，无根便开不了花，根基不牢，花也不艳。曾经有个调查表明，唐僧师徒四人中，猪八戒比孙悟空更受欢迎，因为猪八戒虽然贪吃好色，但他更像普通人，更有人情味，孙悟空虽神通广大，但脾气暴躁，难以接近，可见成人比成才更为大众接受。

这也就解答了我刚参加教育工作时的疑惑，为什么我费尽苦心想提高学生的成绩，却事倍功半，有时甚至是徒劳。因为，目标错了，走的道错了。教育的目标应该立足于"人"，而非成绩。想让学生提高成绩当然也是出于为学生好的目的，但方向错了，便会好心办坏事。什么才是真正为学生好？把他们当作一个完整的人来看，学生还处在生命的初期，是不断学习和变化的。当我把眼光看向他们未来的 20 年、30 年时，我在意的便不再是成绩，而是以后他们过得好不好，幸福不幸福。按照老子的理论，当"育人"做好了，"幸福"和"精英"便接踵而来。

育人，所育何人？在全国教育大会上，习近平指出要"培养德智体美劳全面发展的社会主义建设者和接班人"，这就是教育的最终目的。只有牢牢把握这个宗旨，才能坚持教育的正确方向，让教育走在"道"上。

我认识到：以人为本，才是地理教学的"道"！我的地理课，要以学生的幸福为宗旨，着眼当下，立足于人，为培养德智体美劳全面发展的社会主义接班人助力。教学要达到这个高度，首先要抛弃"唯成绩论"的观点，紧紧盯住教育的本质，时刻谨记教育是为了"让我的学生成人"。

只有德智体美劳（以下简称"五育"）全面发展，才能成为一个真正的人。德为做人的根基，把握人生的正确方向，是人的灵魂之所在；智为才能,确保人更好地解决问题;体为保障,有良好的身体条件才能使一切成为可能;美涉及生活情趣,影响价值取向和人际关系;劳为劳动,将德智体美转化为实践,形成价值,对人和社会产生实际影响。这五育缺一不可,相互影响,是一个有机整体。《资治通鉴》里写道:"才德全尽谓之圣人,才德兼亡谓之愚人,德胜才谓之君子,才胜德谓之小人。"这句话说的就是要全面发展。

在以前的地理教学中,智育的地位很高,可想而知,重智育轻其他的地理课堂会是什么样子。老师可能只要求学生能够记住各种知识,会做各种考题,考试能考高分就好。在这种课堂上,学生被高效地灌输很多知识,用大量的时间记忆、做题。如果您正坐在这样的课堂上,不知您的感受如何。我想我肯定会觉得枯燥无味,在无止境的背诵和练习中痛苦挣扎,这最终会使我丧失对地理的兴趣,在课堂上讲话、睡觉、开小差,后果可能是我通过超强的记忆力,临时抱佛脚,取得好成绩,也有可能是我根本不懂老师讲什么,考试也不会,导致我的挫败和焦虑,以及对地理的恐惧。以智育为重的地理课堂,带给学生太多的负面体验,这样的地理课,能使学生收获到什么?成人,一定办不到;成才,我看未必行。

五育并举,在我的循道地理教学主张中非常重要,因为这是符合道的要求的,因为我始终记得教育的最终目的,只要我朝着这个方向,教育就不会多生枝节。我的地理教学,以"智"为载体,融入"德""美""劳"三者,至于"体",因为受学科特点的限制,是我关注较少的一面。正因为我追求学生的全面发展,所以我的教学设计和教学方法有了很大的改变。

先说说智育,智育是每一个学科的最基本目的,要从学科的角度谈"五育",先要获取学科知识和技能、发展学科思维以及学科应用的能力。但有关智育的一切都不能强行灌输,得掌握方式方法。因此,在我的课堂,智育从兴趣开始并着眼于未来,有趣的地理课堂吸引学生,让孩子们乐学、爱学,有用的知识技能减轻学生负担,使学生学有所用,更愿意学。

对于知识的传递,我用的主要方法是呈现,而非灌输。我把材料呈现给学生,把情境呈现给学生,把问题呈现给学生,把思考和选择留给学生。我更多的是一名引导者,而非高高在上的老师。我发现,当我的角色发生转变时,学生变得更积极主动,课堂的活跃度提高了,当我跟孩子们一起思考的时候,我跟他们成了同一条战线上的人,他们更愿意探索,更愿意学习了。老师能跟他们打成一片,也是他们学习的乐趣所在,这大概就是"亲其师而信其道"吧。

呈现不仅仅让学生爱学乐学,还带来更多的情感体验。就如我上一节讲的,地理的很多素材实际上对学生的思想道德起到潜移默化的作用,在大自然的宽广中感受博大的胸怀,在奇美的景观中感受自然的美,在生动的故事中得到情感和品德的升华。这便起到了德育和美育的目的。其实在材料的选择上,我更多地考虑地理知识与德育、美育的有机结合,将课堂呈现的效果达到最佳。

探究式和合作式的地理课深受学生喜爱。初中生思维活跃,求知欲强,表现欲强,行动力强,情感体验丰富。我把握住他们的心理特点,设计出了情境探究式的课堂、实验式的课堂,带学生走出教室,到户外进行实地考察和研学实践,利用身体动觉强化知识的记忆。这类带着任务去学习,甚至是走进真实的自然去探索的方式,激发起学生的学习兴趣。在有学习动力的前提下,保证了学习的效果。无论是课堂内还是课堂外,对地理知识的获取都是需要团队合作的,在这样的教学中,学生们不仅学到了知识,提高了解决问题的能力,培养了学科思维,还能够提升人际交往的能力,形成集体主义意识,在人际互动中形成健全的人格。探究合作式的教学,一箭多雕,全面育人。

在实践中,学生们运用已有的知识去解决问题,将新的知识纳入自己的大脑中,通过实践建构的知识,记忆的效果最好。这不仅提升了智育的效果,也同时达到五育并举的目的,是我最关注的。关于"德",我在上一节已经提到,就不再赘述了,下面我们来说说"劳"。

"劳"从字面上理解是指劳动教育,但我认为,"劳"是实践。劳动教育,也是实践的一方面。"劳"着眼于用,德智体美,只有通过劳才能转化为实际价值,没有劳,一切只是空谈。纸上谈兵的故事很好地说明了实践的重要性,赵括的失败就在于只会谈论书上的兵法,而不懂得用。只有会运用,所有知识才归属于自己。

我又想起了那个学生说的"学地理有什么用呢?"我反思,为什么他会这么问,因为我只是嘴上说有用,而没有让学生感受到!所以我的地理教学力求让学生能够学有所用。我不希望我的学生成为高分低能者,因此我很注重实践力的培养,之所以设计探究式的课堂及课外的实践和研学,也缘由于此。注重"劳"的地理课堂让学生感受到知识的力量,也感受到大自然的美妙,体验到实践的乐趣,对我的地理教学产生良性循环。

实践教育还有一个很大的作用,即实践出真知。在实践中得到的知识和体验能真正入脑入心。古往今来,许多学者都很强调实践在五育中的作用。人的能力、思想、情感、三观等都是在实践中培养起来的。实践育人在当今也备受重视,因为教育即生活。事实证明,用实践来进行教学的方式是有效的,这在我组织的闽江河口湿地公园调查及最美丹霞研学实践中都得到了印证,具体可以参见本书后面的章节,这里我就不再赘述。

老子用辩证的观点对待事物,认为阴和阳、刚和柔等,看似两个对立面,但在一定条件下会相互转化,当某一面被过于关注时,必定会转向它的反面,像乐极生悲、物极必反等,表达的就是这个意思。反过来,当某些东西被过分看重时,这些东西定处于失去的边缘。这让我想起一部电影《可可西里》,这个讲述几位巡山队员为了保护可可西里的藏羚羊和生态环境,与藏羚羊盗猎分子顽强抗争故事的影片获得了多项大奖,引起政府和世人对保护藏羚羊的关注,而那时,我国藏羚羊正面临即将灭绝的危机。

近年来,教育一直在强调立德树人,2017年,习近平在十九大报告中指出要"落实立德树人根本任务",为什么强调?或许我们的教育正在远离"立德树人"的根本,又或许,我们的"德"和"人"正面临危机。可能会有人觉得我危言耸听,但确实有一些事实正在质问我们:我们的教育怎么了?

在我们的校园里,出现了欺凌事件,有的孩子对同学做出拳打脚踢等甚至更过分的行为;有的孩子不尊重老师,甚至夺去了老师的生命;有的孩子亲手杀害了自己的父母亲人;有的孩子,因为嫉妒就毒害舍友;有的孩子,因为一点挫折而选择轻生……人的尊严,甚至生命,在这些孩子的眼里一文不值,可以随意践踏,随意剥夺。这些孩子怎么了?缺"德"!看看这些失道的孩子,问题在哪里?他们为了自己的面子、利益,为满足自己的私欲,不惜伤害他人,这些孩子不懂道理吗?不,大道理他们可会说了,可是没有做到内化于心,所以他们的行为背道而驰。在我所教的孩子里,不乏有一些学习好的孩子,理解力强,学什么像什么,成绩也挺好,但让他去处理一些生活上的小事,却常常做不好;有的孩子,背书很在行,但解题能力却不行……这些孩子怎么了?缺"做"!我们的教育出了什么问题?没有"循道"!甚难成才!

立德树人,强调德之重要,但我认为树人是立德之本,立德在树人过程中实现。老子强调道德的形成是自然而然的,人的道德行为也应该是自觉的,如果特别强调某些好的品德,那么也离失去这种美德不远了。例如过于强调孝,这就说明这个社会可能有很多人都是不"孝"的,如果要求人们按照孝的标准去做,那是很难以被接受的,但如果大家都从内心里崇尚孝道,自觉孝顺而不大肆宣扬,则这才是真正的"德"。地理教学该如何悄无声息不张不扬地做到立"德"？做好"树人"这件事情。"德"本就蕴含于人的特性中,因此,树人这件事做好了,"德"也自然形成。

　　循道地理教学主张回归教育的本质,只有抓住教育的初心,才能不被外界的诱惑所影响,才能让教育走在"道"上。只有学生得"道"了,我们的未来才有希望!

第二章

课堂"循道"，趣味无穷

苏格拉底认为，理想的教育方法不是把自己现成的、表面的知识教授给别人，而是凭借问题，激发学生的思考，帮助学生依靠自身的力量去孕育真理、产生真理。教师要努力着眼问题深化课堂，力争课中有"标"、眼中有"生"、手中有"技"、心中有"合"，共创和谐幸福的课堂。

循道教育主张不仅适用于对学生的教育，对于教师的成长，一样成立。一切助力学生的有为，都为"无为"教育做铺垫。不断改变传统的教学理念，不断精进自己的教学技能，潜心钻研，善于总结，才能使课堂趣味无穷。

　　教育顺应时代的发展,未来,我们的学生要具备哪些能力,才能更好地融入社会,实现人生价值? 这是不得不让人深思的问题。经济合作与发展组织率先提出了"核心素养"结构模型,指出学生应具备的适应终身发展和社会发展需要的必备品格和关键能力,它解决了"立德树人"根本任务的落实问题。从学科的角度看,如何培养学生的核心素养? 这还要从学科核心素养开始说起。

　　地理学科核心素养包括人地协调观、综合思维、区域认知和地理实践力。它要求学生能够正确看待人地关系,用地理的思维和方法去看待问题。培养地理核心素养,首先需要教师改变,树立核心价值观这一理念,以此决定教学的设计、评价及其落实。核心素养关注到人,实现了教育目标的转变,从关注知识到真正关注学生的发展,落实了学生本位的教学观。同时打破了学科间壁垒,遵从学习规律,让学生主动"发现问题—解决问题",从而实现能力的培养和价值观的确立。

　　《普通高中地理课程标准(2017年版2020年修订)》指出,要"重视问题式教学",要求教师"引导学生运用地理的思维方式,建立与问题相关的知识结构,并能够由表及里、层次清晰地分析问题,合理表达自己的观点"[1],同时也强调"问题的确定应考虑实际情境相关联"[2],这就表明教师角色应从教书匠转变为设计师,从整体上把握教学方向,并链接实际,创设问题情境,并引导学生从中发现和解决问题。

　　创设问题情境可以采用灵活多样的方式以及结合不同的教学内容。在我的教学实践中,常常根据教学目标,结合教学内容,寻找和整合各种资源,着眼于问题解决,采用实验、材料呈现等不同的方法,引导学生们自主

---

　　[1] 中华人民共和国教育部.普通高中地理课程标准(2017年版2020年修订)[S].北京:人民教育出版社,2020.

　　[2] 中华人民共和国教育部.普通高中地理课程标准(2017年版2020年修订)[S].北京:人民教育出版社,2020.

学习、探究。多年实践证明,效果良好,究其原因,恐怕是天时地利人和,也就是顺"道"了。下面我将一一道来。

第一节　着眼问题解决,深化地理课堂

近年来,我结合"初中地理新课程分模块教学方法优化组合的研究"课题,认真研究乡土地理模块教学方法选择和组合。经过几年的摸索和实践得出:让学生带着问题学习地理,采用"问题解决教学法"效果良好。通过引导学生质疑、生疑、启疑、解疑,学以致用,培养学生的质疑精神、问题意识、实践能力和创新精神,增强爱国、爱家乡的情感,树立可持续发展的观念,使学生成为道德高尚的生态文明建设倡导者。

问题解决教学法是将教材的知识点以问题的形式呈现出来,让学生在解决问题的过程中,掌握知识、发展智力、培养技能,从而提高发现问题、解决问题的能力,培养科学探索精神。美国创造心理学家吉尔福特说:"每当你碰到不做进一步心理上的努力就不能有效应付的情况时,你就遇到了问题。……当你要组织新的信息项目,或以新的方式运用已知的信息项目解决问题时,你就碰到了问题。"从心理学角度,问题是这样一种情境:个体想做某件事,但不能马上知道这件事所需要采取的一系列行动。因此,问题就是个人所面临的,不能用已有的知识经验直接加以处理并因而作出心理努力的那种情境,着眼点在"思",而思源于疑。问题教学法通过调动学生认知积极性,使其在主动探究问题的过程中学习,它的特点是要学生开动脑筋去思考解决问题。

早在 2000 多年前,我国伟大的教育家孔子和希腊大哲学家、思想家、教育家苏格拉底都成功地运用提出问题来引导学生学习。苏格拉底认为,理想的教育方法不是把自己现成的、表面的知识教授给别人,而是凭借问题,激发学生的思考,帮助学生依靠自身的力量去孕育真理、产生真理。

问题的创设一般有两种形式,其中一种是教师直接提出问题,例如教师提问:"一年四季是怎样形成的?"这样做的好处是针对性强,很快就能抓住重点,省时省力。但学生并不一定对老师的问题感兴趣,便会造成不愿意听讲和学习的局面。爱因斯坦曾说过,发现一个问题往往比解决一个问题更有价值。只有意识到问题的存在,才会有以后的一系列解决问题的行为。欠缺主动性和趣味性是老师主导问题的一个不足,如果能够让学生自己发现问题和解决问题,体验完整的发现问题—解决问题的过程,增强学生的主动性和自主性,会使课堂的效果得到显著的提高。因此,笔者更提倡在课堂上采用学生自己发现问题并解决问题的教学法,将每一堂课都设计成一次微型的研究性学习,当然,也可能是多次微型研究。

运用充分发挥学生主动性的问题解决教学法,最重要的是情境的设置,它要求教师根据学生的生活实际,创设合适的情境,让学生能够根据已有经验,观察到问题。如我在"保护闽江河口湿地,服务海西建设"的研究性课题的开题课上,创设了这样的情境:介绍福建福州的母亲河闽江的水系,闽江为福州带来了很多美的元素,同时通过夏季市中心与城郊一组气温数据比较,让学生产生疑问:为何市中心的气温比郊区高呢?再通过看一位福州本地老人介绍福州气温变化的视频,让学生感受福州近几十年闽江两岸景观的变化:中亭街从木板房到高楼林立,一座座大桥飞架福州市区南北,房地产开发商新开发的沿江楼盘如雨后春笋般涌现等。然后,顺势提出问题:城市面貌的改变与气温的变化有什么样的联系?通过情境创设帮助学生发现问题,力求让学生的思维过程处于一种主动的状态。

学生发现问题后,教师要帮助学生理解问题的要求与条件,收集必要的信息,弄清问题各因素之间的关系,使学生认清问题之所在。这里体现教师的引导,学生能够在问题情境中发现许多蛛丝马迹,但课堂时间有限,需要教师帮助把握方向,帮助学生确定核心的问题。如,福州城市面貌的改变与气温的变化有什么样的联系呢?教师帮助学生查找"热岛效应"信息,帮助理解造成市中心与郊区气温差异及夏天市区气温越来越高的因素,比如,交通拥挤,汽车尾气排放量大;夏天开空调,室外机散热聚集;绿化面积不够;河湖面积变小;高楼林立等及各个因素之间的关系,认清问题的所在。

问题确定之后,鼓励学生根据他们的知识和经验,运用推理和观察等方法,去探求解决问题的途径,不断地提出可能解决问题的办法,也就是假设。如关于以上这个气温问题如何解决呢?学生会有各种假设。比如,控制城市人口数量,控制汽车上路,多植树种草,不让河湖面积变小,控制沿江楼盘的开发等。如果问题复杂或涉及的内容广泛，学生感到无从下手，则不易提出合理的假设。这时教师就要帮助学生分析问题，并提供学生参考的有关资料，寻求可能的答案。

学生提出假设之后，需要用批判的眼光来考虑这些假设。若假设与事实不合，则即刻放弃，再考虑另外的假设，直至获得对解决当前问题最为合适的方法。关于福州市区气温变化的问题，教师可以帮助学生分析以上几种假设，了解各种影响因素，把一些好理解的问题当堂通过师生的沟通交流解决，更深层次的问题可引导学生探讨。例如，闽江沿岸高楼林立，给人感觉福州逐步成为现代化的大都市，那为何会对市区气温的变化造成影响呢？帮助学生设计并开展关于闽江沿岸地理事物变化及其影响的研究性课题，"保护闽江河口湿地，服务海西建设"的研究，以闽江为出发点逐步地深入学习福州的地理位置、自然环境、人文经济、生态环境建设及发展规划等乡土地理。在指导学生慎重筛选假设的时候，教师需要指导学生分析、推论、比较、综合，以训练学生的思维能力。

问题解决教学法中，对问题解决的过程和结果加以总结和反馈十分重要。问题解决得怎么样？应当怎样改进问题解决的技能？通过自我总结，改进问题解决的方法。以下仍然以"保护闽江河口湿地，服务海西建设"研究性课题为例，经过学生查找资料、网络交流、专家访谈、湿地考察、市民谈话、问卷调查等各种方法和手段解决关键性的五个问题：你知道闽江河口湿地的范围吗？你知道湿地的功能吗？为什么说湿地是地球之肾？你了解闽江河口湿地的现状吗？如何保护闽江河口湿地？各个小组以手抄报、多媒体 PPT、小论文等形式汇报，通过五个问题的解决得到保护闽江河口湿地的研究成果。整个研究性课题的问题解决过程，还是比较全面到位的，能体现学生自主合作探究学习的新课程理念。

我身为福州人，对福州有着独特的情感，我也很希望我的学生能够以家乡为荣，热爱家乡。选择将福州的乡土地理作为教学内容，一方面出于热爱家乡的情感，另一方面也出于取材和研究的便利性。扎根周边生活环境，学习对生活有用的地理，以小见大，能更好地培养学生的地理思维和家国情怀。

初中生好动、幼稚，注意力易分散，专心参与学习的持久性较弱，容易受外界因素干扰，喜欢追新猎奇，并且正处于青春期。由于年龄的增长，他们的抽象思维已开始有所提高，但是具体形象思维仍然起着重要的作用，地理图像导学能力,空间思维能力,文字表达、成因分析等能力有待于逐步提高。初中乡土地理教学一般安排在八年级下,就是在地球地图、世界地理总论和分区、中国地理总论和分区学习之后,学生基本上已经掌握了分析地理位置特点及其对某区域自然和人文环境发展影响的学习方法和能力,基本上有"位置与分布"的基本知识,"联系与差异"和"环境与发展"的基本技能。也可以在初一学段,安排学生带着问题走向生活,做一些课题研究。

初中地理教师一般具有较强的组织教学能力,善于应用任务驱动的教学模式抓住学生的最佳发展区,擅长采用地理图表、板图板画、诗词民谣、谜语谚语故事、思维导图、问题教学法等。在新课程改革的浪潮中,地理教学注重学生的创新思维能力的培养,创设以学生为主、教师为辅的课堂,让学生学会自主、合作、探究学习的方法,促成学生"会学""要学""乐学"。

《全日制义务教育地理课程标准》对"乡土地理"课程的标准定位是:"分析、评测家乡地理位置的特点";"利用图文材料和历史档案,说明家乡主要地理事物的变迁及原因";"举例说明自然条件对家乡的社会、经济、环境、生态、文化、生活诸多方面的影响";"说明家乡人口数量、人口变化的基本状况""结合实际说明家乡的生态环境状况、存在的问题以及改善措施";"具体介绍家乡的主要自然灾害及防灾、减灾举措与存在的问题";"举例介绍家乡在开发、利用和保护自然资源方面的情况";"举例介绍家乡改革开放以来在社会、经济、文化、教育生活等至少一个方面所发生的重大变化,了解家乡的发展规划"。总之,"乡土地理"的教学目的,是帮助中学生认识家乡的地理环境,引导学生学以致用,培养学生的实践能力,增强爱国、爱家乡的情感,树立可持续发展的观念。

有些年福州地区的素质教育受中考的指挥棒影响明显,中考评价机制对地理学科采用等级制,虽然成绩有 A、B、C、D 之分,但仅有 C 等以上的要求,因此学校、教师、家长、学生都不够重视,学校周课时仅排两节,一般排在上午 3、4 节或下午 1、2 节初中生注意力较难集中的时段,而且课时还会被挪用。地理教学的教具、挂图、信息技术软件配备更新滞后,配有地理专用教室或地理园的学校较少。福州乡土地理的课程资源,现在普遍使用的是经过福建省基础教育教材管理领导小组审查通过的福建教育出版社出版的《福州地理》,该书乡土地理知识体系较为完整,图文并茂,内容丰富,但是有些信息更新滞后,而乡土地理事物就在学生周围,既为学生所熟知,又为学生所喜爱,学生时常接触,因此使用该教材时要跟学生做适当的解释说明。另外,学生对于这些客观存在于他们周围的地理事物和地理现象,有的只知其然,不知其所以然。最好要带学生到实地考察和体验,可是现在学校强调安全第一,没有经过学校及主管部门多道审批,没有哪位教师敢带学生出校园进行实践活动,走出校园的集体活动受限制。近年随着网络信息技术的发展和推广,建立了各种群体的教师 QQ 群,教师们收集的教学素材可以互相交流和共享,课程资源逐步丰富多彩。依以上对生情、校情、乡土地理课程特点及教师自身教学技能的分析,福州地理学习的外界因素影响不可忽视,如果采用传统的教学方法,则学生可能会不喜欢乡土地理课。要让学生心中有疑问,才会主动求解,变被动获取为主动探究,从而获取知识,这样才能吸引学生的注意力,激发学生积极参与课堂的热情。在课堂教学中,教师应该善于给学生留下合适的问题,采用“问题解决教学法”引导学生把学习活动贯穿并引申到课外,让他们去自学、自悟、自得,同时经过教师的指导,教学相长,创设其乐融融的课堂气氛。依以上选择“问题解决教学法”的背景分析,我以开展校本研究性课题“保护闽江河口湿地,服务海西建设”,持续性地践行“问题解决教学法”,经过教师的启发引导,学生自主合作学习,以分小组专家访谈、实地调查研究、制作小抄报、PPT 课件汇报研究成果的方式学习福州乡土地理,提高了学生的实践创新能力,树立了可持续发展的观念,成了生态文明建设的倡导者和参与者。

我尝试的“问题解决教学法”在福州乡土地理教学中的应用很有实效。“福州闽江河口湿地使者行”是我近 10 年来校本课程研究性学习的传统课题,地方课程校本化的表现,也是学习福州乡土地理的一个突破口。对于福州市区的生源,可以通过对身边气温变化及分布不同的切身体会,以及闽江口两岸景观的变化,来探究其原因,探究学习闽江河口湿地的功能、变化及其影响和保护措施,从而了解闽江水系特点,学生依据已有的地理知识和技能,推理判断福州的地形、气候,福州的位置、地理环境特点及人文环境特点。在这种乡土地理教学思路的指导下,我的集备小组以“保护闽江河口湿地,服务海西建设”为研究性课题,通过创设问题情境、图像导学、查找资料、专家访谈、湿地考察、问卷调查、辩论、借助信息技术手段的沟通交流、汇报考评等优化组合下的“问题解决教学法”的应用,进行研究性学习,激发了学生学习乡土地理的兴趣,有效地实现课堂延伸,提高学生实践和创新能力,培养学生树立可持续发展的观念,鞭策学生倡导和参与生态文明建设。

在实施"问题解决教学法"的这几年里,我通过实验班和对照班的课堂观察及教学反思,加上平时教育叙事、体会的记录,我发现运用"问题解决教学法"的效果尤为突出。问题解决教学法注重的是学习方法和技能的培养,它以学生为主体,注重在生活情境中对知识的获取和应用,它能够将所学知识用起来,而不是仅仅存储在脑海中,所以比起以教师为主体、注重知识传授的传统教学法,它更灵活,更能激发学生的创造力。运用问题解决教学法也让我的课堂有了深刻的变化,学生从"要我学"的被动状态,变成了"我要学"的主动探索;运用问题解决教学法的课堂是活跃的,因为孩子们有了兴趣,有了符合意愿的任务,所以他们更乐于探究,会主动与同学合作和分享,这样一来,看似闹哄哄没有规矩的课堂,收获的是难以遗忘的知识技能及快乐学习经历。对于老师而言,采用问题解决教学法后,师生关系变得融洽了,虽然这种方法对教师提出了更高的要求,但老师的能力提高了,对学生更为了解了。

问题解决教学法,对学生起到了很好的"唤起"作用。布鲁纳曾说过:"学习的最好刺激是对学习材料的兴趣。"采用"问题解决教学法"能集中学生学习的注意力,使他们喜欢乡土地理的课堂,培养初中学生学习地理的兴趣。比如,福州为什么会有"一颗橄榄溜过溪,对面依妹是侬妻"的民谣谚语?这个问题的情境符合初中生追新猎奇及青春期的心理特点。把问题抛给学生,让全班交流探讨闽江支流狭窄的特点、闽江沿岸的特产、多山区少平原的地形特点等。运用头脑风暴法,引导学生从自然原因和人为原因两方面进行思考,让学生充分发表自己的看法。围绕主题,进行思维碰撞,在原有基础上深化研究,因其有趣味性等优点,有利于激起学生求知欲望和探索热情,通过师生、生生之间的双向和多向互动,形成民主、和谐、宽松的教学氛围,从"要我学"变为"我要学",学生在担当课堂主角的过程中品尝到成功的喜悦。

问题解决教学法实现了课堂的有效延伸。问题可以唤醒人的思维,对学习活动有着很大的影响。因此在课堂教学中,老师应当适时地给学生创设适合的问题情境,让学生启疑质疑,教师对学生的疑问进行分类,对那些属于知识拓展、深化的问题"置而不答",安排学生通过课外作业、课外实践自行解决。如夏天时为何福州郊区或鼓岭的气温比市中心的气温低？为何人们闲暇或休假时喜欢到鼓岭避暑？这就属于拓展深化探究原因和自然规律的问题，布置给学生课后去体会去解决的问题。乡土地理的现象很多可以通过亲身感受和体会，具有易懂、亲切、富有生命力和感染力的特点，让学生带着问题去经历、体会后，来领会相关的地理规律。"问题解决教学法"可以让学生带着问题走进课堂并认真听讲，同时还应该让他们带着问题走出课堂，使他们真正成为学习的主人。

美国创造教育专家帕内斯提出了创造性解决问题的模式。他认为学生收集资料实地考察后，要经过扩散性的思考，尽可能提出流畅性、变通性与独创性的观点，尽最大潜能选择解决问题的方案，建立评价的标准，以此来培养学生的实践和创造能力。如，你了解闽江口马杭洲、蝙蝠洲、浦下洲、鳝鱼滩等湿地的位置面积、范围特点、功能现状吗？要采取什么保护措施？通过地图的引导，可安排学生课前查找资料、实地考察或访谈专家，课堂交流补充，课后继续研究。再如，现在的浦下洲已经不是书本中描绘的地球之肾的湿地景观，而是被雄伟壮观的福州海峡国际展览城所替代，请学生谈谈这种变化的利弊。鼓励学生大胆想象，尽量列举个人的观点进行沟通交流；也可以通过组织辩论，学生相互启发，使灵感突发、有所创见。不论学生的见解是对还是错，对思维独创性的培养都是非常有益的。辩论是一种集文化知识、逻辑思维、语言艺术和心理素质于一体的综合素质的较量。"乡土地理"所属的范围就在学生身边，更加贴近学生生活实践，因而更有利于学生开展野外考察或社会调查等地理实践活动。它为学生提供了民主、宽松的创造环境，给予学生较大的自由，使学生不固守已有的观念，积极探索，从不同角度拓展思维，推出多种解决方案，寻求解决问题的最佳途径，无形中发展了学生的求新求异思维，培养了学生的创新意识。

可持续发展观念，是人们在反思人类改造利用自然的实践中形成的，因此，只通过从书本到书本或从理论到理论，是难以真正确立的。作为本课题实验的学生通过"保护闽江河口湿地，服务海西建设"为主题的研究性学习，带着问题到实地观察、考察、调查等实践，分析闽江河口湿地的开发和保护对福州经济、环境、生态、文化、生活诸方面的影响，以及福州沿江居民的生产、生活等事件对自然环境的影响，深刻意识到在追求经济发展的同时要注意保护，在理论联系实际中逐步树立可持续发展观念。

采用教学方法多重优化组合的"问题解决教学法"学习乡土地理，通过"保护闽江河口湿地服务海西建设"为主题的研究性学习，懂得湿地的概念及其功能，以及湿地被过度开发后造成的影响，帮助学生形成有选择地开发和保护闽江河口湿地的可持续发展观念，在心中勾画天蓝地绿水净美丽福州景象。坚持以党的十九大精神为指引加快建设闽江口发展区，为环境保护做好平时的一举一动，努力成为生态文明建设的倡导者和参与者。

第二节　精彩课堂，科学设计

精彩的课堂源自科学的教学设计。精彩的课堂是指：在常态的课堂教学中，通过教师的引导和学生积极主动的学习思维过程，在单位时间内精彩地、高质量地完成课程要求，促进学生获得精彩的发展。精彩课堂评价的主要标准是能否达成三维目标。精彩课堂是一种理念，也是一种策略，更是我们教学一线老师的基本追求。课堂教学能否精彩关键在于教师的精心设计、科学规划，要求教师按照课程标准，对教学材料精心取舍和提炼，针对学生实际设计出促进学生精彩自主学习的活动抓手。要让学生既能进行长时间的实践活动，又有大量的知识积累，老师不失时机地引导和提升，使得在单位教学时间内获得最大的教学效率。这就是现代教学研究中强调的科学的教学设计。

科学的课堂教学设计是教学设计的一个重要组成部分，是运用现代教学心理学和教学设计的基本原理与技术，用系统论的观点和方法，根据教学目标和教学对象的特点，有效安排和组织各种教学资源（教师、教学内容、教学媒体、教学方法、教学环境等），使之序列化、最优化、行为化，以提高课堂教学效果而制订教学方案的过程。它有助于课堂教学工作科学化，有助于提高课堂教学效率和效果，有助于教学理论和教学实践的结合，有助于青年教师的成长和发展。课堂教学设计的主要研究内容是教与学的关系、教与学的目标、教与学的操作程序和策略。科学的教学设计是精彩课堂的源头，是落实课程目标、教学理念和指导教学行为的方案。

从广义上讲，地理教学设计是"一个分析地理教学问题、设计解决方法、对解决方法进行试行、评价试行结果并在评价基础上修改方法的过程"，其目的是"获得解决问题的最优方法"。地理教学设计必须体现地理新课程的基本理念，必须与地理教学过程的本质特点相匹配。

地理教学设计的"实质"是对地理课程和地理教材的二次开发，即对地理课程和教材的内容进行适合于学生学习、有利于学生发展的增删和重组。而不是传统意义上的一成不变地"复制"教科书上的内容。二次开发需要注意的是：地理课程内容通常都有一定的结构体系。教师应具备开发与总揽地理课程内容、单元内容和课题内容以及它们之间关系的能力，才能使地理课堂学习任务的开发与分析达到前后呼应、相得益彰的效果。

地理教学设计的"内容"是知情合一的统一体。传统的地理教学设计过分注重学生的部分智力因素，有意或无意地忽视了学生发展所必需的其他智力因素；对学生学习任务的分析往往只涉及各知识点及其组成的知识结构、掌握知识所必需的基本技能等因素，而对兴趣、动机、情感、态度、价值观等考虑很少。地理新课程理念下的教学设计不仅关注基础知识和基本技能，而且要关注过程与方法、情感态度与价值观等方面的因素，使地理教学设计的内容成为"知能情合一"的统一体。

地理教学设计的"成果"是一个指导性的动态方案。传统的地理教学设计是以教师的教和书本知识为本位，从教师的主观判断或教学经验出发，往往侧重于教学过程的程序化，是一个倾向于"静态"的计划性的教案。现代地理教学设计应以学生的学习和学生的发展为本位，从学生学习的实际现状出发，以粗线条的"静态教案"为基础，综合考虑教学过程中的各种不确定因素，注重多种教学思路的设计，是一种具有指导性的动态方案——"弹性化"的教学方案。

地理教学设计的基本内容主要包括八个方面。教学内容分析，即学生学习任务分析；学生学习情况分析；设计思想（或设计理念）；教学目标；教学重点和难点；教学过程设计；板书设计；教学反思。实际编写时，可根据适时的需要将八个方面进行组合和调整，但各个方面的内容都要写到。

我将地理教学设计的八项基本内容结合初中地理"地形图判读"这一课时，以表格形式逐点演绎如下：

表 2-2-1　初中地理"地形图判读"教学设计

教学设计基本内容		以初中地理"地形图判读"为例
项目	具体要求	
1.教学内容分析即学生学习任务分析	分析教材内容在整个课程标准、本教材和某章节中的地位和作用。	1.学习任务分析（教材分析）： 　　本教学设计采用的教材是人教版初中《地理》七年级上册,第一章第三节地图的第二个框题"地形图的判读"。这部分是在学生学习了地图三要素之后进一步认知的内容,掌握了课程标准的要求,才有助于学生今后学习区域地理地形的分析及各种经济部门关于地形利弊条件的分析,还有利于学生发现地理问题,理解地理背景,以及解决身边的地理问题等,是学生增强生存能力,培养地理素养的重要因子。
2.学生学习情况分析	分析学生已有的知识基础,认知水平和能力状况、存在的学习能力、学习需要等。	2.学情分析 　　初一学生天真活泼,富有追新猎奇、积极向上的心理,但也具有注意力易于分散、兴趣爱好不持久的弱点。他们刚刚走进中学,刚刚比较系统地学习地理,而第一单元地球和地图的内容,特别是经纬网确定位置、判别方向,地球自转、公转地理意义,比例尺大小判别等,对于学生来讲十分抽象,并且学生尚未形成空间概念和读图能力,此时似乎是将要对地理学科产生厌恶感的时候。因此必须驾驭好学生对地理课有好感的心理,尽可能促进大部分学生在学习了地图三要素的基础上更好学会判别等高线地形图。
3.设计思想（或设计理念）	扣紧地理新课程基本理念,建构主义理论强调课堂以学生为中心,使学生成为信息加工的主体、知识意义的主动建构者;让老师转变为学生主动建构意义的帮助者、促进者。	设计理念（依据分析）： 　　通过问题导学法,分层次设计问题,制作形象直观的板图板画,引导图文转换,培养学生的信息提取和归纳能力,帮助学生学会判读等高线地形图,引导学生在生活中发现地理问题,提升生活品位,增强学生的生存能力,培养地理素养,建构等高线地形图的知识框架,多角度培养学生自主合作探究的学习能力,养成热爱大自然的情怀。

续表

教学设计基本内容		以初中地理"地形图判读"为例
项目	具体要求	
4.教学目标	按照设计理念、课程标准、教学材料和学生情况,确定三维目标,注意用好行为动词,比如:掌握、说明、认识、了解;通过、学会、运用、具有、发现、提出;增强、提高、形成、养成等,要写得具体清晰。	依据课程标准要求:"在等高线地形图上,识别山峰、山脊、山谷,判读坡的陡缓,估算海拔和相对高度;在地形图上识别五种主要的地形类型。" 制定教学目标 1.知识与技能: 懂得海拔、相对高度、等高线、等深线的地理名词,掌握等高线地形图的判读,辨别五种地形部位,以及五种地形类型的形态,并能加以区别。 2.过程与方法: 通过登山等身边的地理现象,体会山地坡度的陡缓,影响登山的体力消耗,将切身体会融入课堂。运用板图板画、列表比较等直观的方法,学生学会发现问题,分析比较,思考表达,解决问题,进行等高线地形图的判读。 3.情感态度价值观: 培养学生概念、数字、计算、图表、表达等地理意识,增强对地理事物、地理问题的好奇心和探究的思想,增强学习身边地理、热爱家乡的情感。
5.教学重点和难点	写明教学重难点的具体内容,说明确立的依据分析合理、科学,阐述清晰,主要依据教学目标、学情分析。	重点: 1.判别坡度陡缓,识别地形部位,识别五种地形类型。(依据:是学习地理的基础工具,对日常学习和生活有很大的帮助。) 难点: 1.识别地形部位:山脊与山谷。(依据:学生读图和空间想象力较弱,山脊山谷在等高线地形图上又有相似性,易于混淆。) 2.地形部位的名称与地形类型名称的区分。(依据:本节课接触的地理名词太多,而且学生空间思维不成熟,尚未构建地形知识系统框架,会有迷糊混淆的感觉。)

续表

教学设计基本内容		以初中地理"地形图判读"为例
项目	具体要求	以初中地理"地形图判读"为例
6.教学过程设计（含作业设计）	包括师生活动、时间分配及设计意图，注意描述简明扼要、清晰明了，可采用流程图或表格形式，简单直观；至少有教学内容、教师活动、学生活动、教学策略及设计意图。	教学过程设计是教学设计的重点,将是生成精彩课堂的重磅指导方案。包含各个教学环节的设计,以各种方式导入、过渡,引导学生参与学习、发现问题、解决问题,使学生既能积累知识,又能提高学习能力,掌握学习方法等。本课例的教学过程设计格式如下表:(仅示例导入部分) 参见下表
7.板书设计	内容科学准确,符合规范要求,布局合理,疏密得当,版面干净整洁,美观大方。	二、地形图判读

教学过程设计表格：

教学内容教学环节	教师活动	学生活动	教学策略教学意图
思考问题： 1.同学们是居住在开门见山的城市吗？ 2.福州"三山两塔"想必大家都游玩过，于山有多高呢？有几条登山道呢？往哪一线路登到山顶相对比较轻松或比较快呢？	通过PPT幻灯片呈现问题。引导学生思考问题的方向。	结合身边环境，以很熟悉的于山和平日的活动思考问题，同学互相探讨。	头脑风暴式的问题情景，运用身边的于山，身边的地理知识，问题激趣导入。所设问题与本节课解决的重难点坡度陡缓，山体部位，地形类型等相结合。意图：遵循让学生有学习的准备和学习的愿望、有目标行为，对学生给予积极的指导和反应、让学生了解自己的学习结果。

续表

教学设计基本内容		以初中地理"地形图判读"为例
项目	具体要求	
8.教学反思	教师在课后对整个教学行为过程进行反思回忆。	包括对自己的教学观念和教学行为、学生表现、教学的成功与失败等情况进行分析,找出教学程序在具体实施过程中的成功和不足之处,研究产生不足的原因,思考今后改进优化的方向。

总之,地理教学设计应该以系统思想和方法为指导,以关于学和教的科学理论为基础,重视学习背景和学习者的分析。教学设计既遵循科学性又体现艺术性,为生成精彩课堂奠定基础,促使课堂是在价值引导下自主建构的过程,是真实自然的师生互动的过程,是以动态生成的方式推进教学活动的过程。因此,只要教师课前根据学生的知识起点,顺应学生的学习需求精心预设,引导学生投入到知识的建构和再创造中去,善于观察、捕捉和把握课堂中的有效信息,在互动生成过程中不断向深层开掘,师生就会时时共享精彩的课堂。

第三节 实验教学,灵动课堂

修订后的义务教育地理课程性质具有区域性、综合性、思想性、生活性和实践性,强调了地理课程含有丰富的实践内容,包括图表绘制、学具制作、实验演示等。达·芬奇有句名言:"实验是科学知识的来源,智慧是实验的女儿。"新课程力求优化组合教学方法,注重培养学生创新精神和实践能力,构建科学的知识框架。地理学科的知识有相当部分是在不同的地质年代里发生的现象和过程,是学生无法在生活和学习中亲历和感受的,学生学习起来就显得抽象不好理解。在地理教学中如果能设计恰到好处的实验教学,让大规模的地理现象微观地走到学生面前,使学生在演示、操作、观察、思考的过程中了解地理现象,那么学生就容易理解地理知识、掌握自然规律,让学生在地理课堂享受成功的喜悦,呈现灵动的课堂。

实验教学的直观性,有助于学生感知地理现象。地理实验教学可使那些不易想象、无法观察的宏观世界的自然现象和过程具体化、形象化和动态化，能给学生创设问题情景，疏通和引导思路，培养学生形象思维，并为抽象思维奠定基础，帮助学生感知地理现象。

【案例】

季风成因的实验

创设问题情境：同学们，你有体会到"沙、水在中午和夜晚不同时刻的气温差异"吗？让我们持续三天做一个气温测量实验吧。

材料：两个透明5升或更大的食用油壶、两支温度计、沙和水、一把剪刀等。

实验步骤：

(1)用剪刀将油壶上端（尖小部分）剪断，一个装上沙，一个装上水。把装好沙和水的油壶放到教室向阳的窗台上。（鼓励学生在家里露台上或屋顶天台上做这个实验）

(2)将两支温度计分别插入两个油瓶中。（要固定）

(3)每天记录测量的温度两次，分别是中午12:00和傍晚5:30，由地理科代表持续记录三天。测量情况填在表2-3-1中。

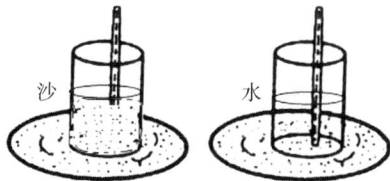

图 2-3-1　实验装置示意图

表 2-3-1　不同时间沙、水温度记录表

时间	物质	中午 12:00	傍晚 5:30
第一天	水		
	沙		
第二天	水		
	沙		
第三天	水		
	沙		

（4）思考通过实验得出的结论。

（5）拓展思考：

①沙和水在一天内的温度变化规律，与亚欧大陆及其东临的太平洋在一年内的温度变化规律是否一样呢？

②思考：亚欧大陆与太平洋形成强大的海陆热力差异的原因？（提示：夏季陆地升温快为热低压，冬季陆地降温快为冷高压。）

③思考：风是如何形成的？在生活中体会夏季风、冬季风及不同季节去感受风向的变化。

在实验过程中，学生从准备实验材料到实验观测、记录和思考、分析，使地理学习的实践性从课堂延伸到课间和课外，从测量沙和水的温度在正午和傍晚直观的区别，引申拓展思考海陆热力性质差异，很直观地感知季风成因。这样师生共同参与制作、观察、思考、分析、总结，直观获得新知，呈现地理实践性课堂内外的灵动。实验教学的有效开展，得益于它的通俗性、趣味性和参与性。正是因为学生能够参与其中，才能引起他们的兴趣，并学会评价他们的学习能力和综合素养。

实验教学的通俗性，有助于学生理解地理规律。著名教育家波利亚指出："学习任何知识的最佳途径是自己去发现。因为这种发现理解最深，也最容易掌握其中的内在规律、性质和联系。"在初中地理课堂教学中，通过设计通俗的或身边的实验教学，如果学生有发现和思考的过程，有解决问题的"阶梯"和"柳暗花明又一村"解疑析难的充分体验，那么，学生就容易理解大规模的地理现象、地理规律和地理知识。

【案例】

火山喷发实验

在课堂上，教师引导学生注意观察：用酒精灯和烧杯水煮有点裂痕的鸡蛋，特别注意观察鸡蛋裂痕处的变化（实验过程中要防止烫伤学生）。学生很清楚地看到，蛋白还带着一小点的蛋黄从裂痕处挤出，之后，教师启发学生思考蛋壳、蛋白、蛋黄的组合结构与地球的结构很相似。那么学生就不难理解：在地表以下200千米的地幔温度大约1500摄氏度，这里的熔岩处于高热状态，密度也较小，所以它会向地表上涌，而且在浮升过程中再熔化掉一些岩石，一旦岩浆找到通达地表的突破口，它就会立刻喷出地表，这便是大规模的火山喷发。

用通俗易懂的实验不仅能降低新知识的可理解度,而且能提高学生对新知识的理解和掌握。另外,让学生从有趣的、司空见惯的现象中思考内在的原因,还能起到培养科学精神和态度的作用,呈现了课堂的灵动。

实验教学的趣味性,有助于学生归纳地理特征。"兴趣能把精力集中到一点,其力量好比炸药,立即把障碍物炸得干干净净。"在教学中用实验把僵化呆板的课堂变为充满活力的学习乐园,把学生不感兴趣的事物有机结合起来,往往会收到事半功倍的效果。

在学习"澳大利亚的自流盆地地形"时,可设计一个模拟实验:先在黑板上画三幅图,依次是皮管水平状,皮管向上拱起,皮管向下弯曲。起先学生对图感到莫名其妙,沉默不语又充满了好奇,课堂出奇地静。然后老师拿出一根装满水的皮管,当教师说:"在针头把皮管戳破的瞬间,黑板上三种状态的皮管哪支的水会射出来?"顿时课堂热闹起来,学生积极思考,争论不绝,完全沉醉于讨论中。然后教师演示一遍,学生通过观察、讨论、分析得出了结论,也分析出了原因。联系到澳大利亚的地形特征,学生自然得出"大自流盆地"的成因。

这个过程不是教师"教"的结论,而是学生主动地学习并且感受到成功的乐趣。通过活动将静态的地理知识"活化",呈现出地理课堂的灵动。

实验教学的参与性,有助于学生提高实践能力。地理实验教学从设计、实验操作、实验观察记录、整理记录资料、分析研究得出结论等过程中,对发展学生智力,增强学生的合作交往能力,培养学生创新能力具有重要作用,符合目前研究性教学的要求。

【案例】

如何控制治理黄土高原水土流失

设计为:①学生分成6~7人一组。②准备两个花盆(一个花盆内长着茂密的小草;另一个花盆内则稀疏地有几根小草),两只玻璃容器,洒水壶。安排4名学生演示实验,花盆倾斜摆放,用一升的洒水壶均匀地洒水,其他2~3名学生观察容器中水和沙子的多少。也可轮流演示。③各组讨论"影响水土流失的因素有哪些"。

先用实验增强了学生感知,有助于提高学生观察力。它对学生的直接刺激作用可提高学生对所学内容的好奇。然后,经过小组交流讨论得出:水土流失与降水强度、地表植被覆盖情况、地形、地表物质组成有关。这个过程注重以学生为主体,以实践为主线,强调学生主体活动,注重学生的自我组织和相互之间的启发,提高了地理学习能力。

有一个古老的教育谚语说:"告诉我,我忘记了;演示给我看,我记住了;让我参与,我理解了。"实验教学强调演示与参与,它能够有力地改变被动接受式的学习方式,让学生参与实验时,锻炼和培养想象能力、创新能力和实践能力;在实验操作时,以精细敏锐的感知和观察力去发现一些重要现象,从而培养观察能力;在实验探究原因、结果、形成概念的过程中,培养分析、比较、判断、推理和归纳等能力;同时还能够培养学生的自主、合作、探究能力,特别是实际操作、观察、记录、思考、解决问题的能力等。实验演示已成为地理新课程重要的实践内容,设计简易可行的地理实验教学能带来灵动的课堂。

第四节　科技助力,妙思"微课"

信息技术的发展和应用是地理教学改革的助推器,是面向未来的学习方式之一,为学生提供自主学习、探究学习和合作学习的开放空间,促进地理学习的拓展和深入。当前利用微课程的教学模式和学习方式在中小学的推广力度不断加大,教师和学生接受的面也越来越广,加上教育行政管理部门组织各种层面、各种学科的微课程比赛,各个学校几乎都在鼓励教师学习录制各种微课程。我作为初中地理教师,在参与设计和录制微课程的过程中,深感"微课"不可"微设",微课程录制是否成功,科学设计是前提。微课程教学活动时间短,一般都在10分钟以内,教学主题内容短小精悍,对选定的知识点或能力点的教学目标需进行精确细致的设计,恰当选用教学方法,设计有效的地理思维活动,合理安排每个环节的教学时间,精选适用的地理图表,合理选用视听媒体技术,形成一个结构化的科学的教学设计，将为微课程录制插上成功的翅膀。

设计初中地理微课程的关键点。以人教版地理七年级第四章第三节中"聚落建筑与自然环境的关系——西亚地区为例"的提升地理逻辑思维能力的微课程为例。

一、设计明确有效的学习目标

初中地理微课程一般仅录制 5～7 分钟，因为学生的认知水平和自学能力有限，如果微课太长，大部分学生可能坐不住或学得不耐烦，效果欠佳。因此，短短的几分钟微课程要能帮助学生解决一个地理知识点或者提高一个或几个能力点甚至达成一种地理情感认识，设计明确有效的学习目标十分关键。

根据课标，基于生情，设计微课程的三维目标，需要有一定的课程驾驭能力，很多年轻教师的计算机和各种媒体的应用能力很强，但对短短几分钟的教学目标的设计并不一定把握得很到位，需要集备组发挥团队协作的力量，特别是有经验的教师多做指导，互相参谋，明确选定微课程的知识点，设计符合学生心理特点和应用已有储备知识来分析解决问题的学习过程及方法，重难点清晰，力求德育为先、能力为重，关注时代，遵循可持续发展的观念，共同架设好明确有效的学习目标。

【案例】

"聚落建筑与自然环境的关系
——西亚地区为例"知情能合一的学习目标

【知识目标】说出西亚建筑墙体厚、窗小、颜色浅、无屋顶的特点与高温干燥热带亚热带沙漠气候条件的关系。

【技能目标】分析气候资料地图、观察地理景观图，归纳、总结地理现象和自然条件之间的关系。

【情感目标】逐步形成因地制宜可持续发展的观念。

短短的微课程内容，在有明确有效目标的导引之下进行进一步的设计和录制，良好的效果将近在眼前。

二、设计递进式的地理逻辑思维

微课程的主要功能是为学生提供自主学习的资源,便于学生课前预习、课后复习或对一些上课没领会清楚的内容进行课后解惑指导。学生学习的课程较多,初中地理课后学习的时间极少。因此,初中地理微课程设计更应该讲究视频的内容具有趣味性、准确性、逻辑性、知识性、紧凑性,追求在5~7分钟内帮助学生弄懂一个内容。

初中地理微课程不论是关于地理概念、原理、分布规律、实验,还是解题技巧等选题,设计时必须讲究符合学生认知特点的循序渐进的地理逻辑思维。从提出问题、方法指导、提供素材、解决问题、小结反馈、知识迁移、情感升华等逻辑思维过程设计,要尽量抓住学生的注意力,设计的每一个环节及问题串难度呈螺旋式上升,引导学生主动参与,根据自己的猜想或假设,运用科学的方法对问题进行研究,在研究过程中获得创新实践能力、获得思维发展,自主构建知识体系。

【案例】

"聚落建筑与自然环境的关系
——西亚地区为例"逻辑思维步骤

快速导入:打出图片卡通动画,抛出问题,西亚的建筑为何是这样的?

第一步:指导学生阅读西亚的气温曲线和降水柱状图,分析西亚的气候特征。

第二步:读图、阅读材料分析西亚的房屋建筑特色。

第三步:解疑西亚建筑特点与沙漠气候的神秘关系,构建逻辑思维导图。

第四步:归纳总结自然因素对聚落建筑的影响。

第五部:情感升华,引出聚落建筑是遵循"因地制宜"的原则利用自然条件而建,逐步形成可持续发展的观念。

学生经过环环相扣的五个步骤学习,基本能够构建如下的地理逻辑思维框架:运用地理图表、地理景观图片,循序渐进地引导学生思考认识聚落建筑的造型、选材和风格与自然环境之间的关系。重点在于设计的每一个步骤有学生思维的停靠点,抛出的问题和提供的图表资料环环相扣,能让学生在观察的过程中跟着微课程一起思考,让学生自主学习,主动寻找聚落建筑和自然环境的关系,从而培养学生综合分析、归纳总结的地理思维能力。

三、设计合情合理的互动环节

微课程设计要创设学生在自主学习时也能享受思维碰撞、心灵对话的过程,避免设问、探究、思考的形式化,如果设计的问题脱离学生的认知水平,偏离"最近发展区",或者过于简单一看就知道,学生便无法探究和思考,就没有跳一跳能摘到果子获得成功的体验。因此,教师在微课互动内容、方式、时间等方面的选择、设计、组织,以及学生学习可能生成处理的取舍都要做到心里有数。

比如读西亚建筑景观图,分析西亚气候资料图及阅读材料分析西亚建筑特点与沙漠气候的神秘关系。通过景观图配合动画的情境创设,帮助学生形成"西亚建筑为何会有如此的墙体、窗户和屋顶"的认知冲突,使学生意识到自己对问题的认识存在缺陷,好像真说不出为什么或者似乎猜测出一两点但又不知是否正确,从而激发学生想去了解或学习的强烈欲望。然后,设计分析西亚气温曲线和降水柱状图的问题和视频动画,帮助学生说出西亚气候特征,在高温少雨的气候环境下结合图片和问题让学生思考为何西亚的墙体厚、窗户小、颜色浅、无屋顶,便水到渠成、势如破竹地获取地理知识、训练地理技能,逐步形成因地制宜、尊重自然规律的观念,达到学生的思考与微课内容的互动效果。

初中地理微课互动环节设计要紧密围绕着学习目标展开。设计问题,选择图表,提供素材,设计卡通画面,选用媒体技术等须扣紧课标符合生情,通过运用原有的知识储备,灵活分析、解决实际问题,借助学生的思维引向纵深、触及心灵,升华情感,形成新观点、新见解,从而使人机互动收到实效。

四、设计美观简洁的影音画面

初中地理微课程设计要加强以知识为载体的逻辑思维能力训练。准备录制微课时,在做好学习目标、逻辑思维导图、互动环节等"顶层设计"之后,还要注重美观简洁的影音画面设计。

一是简洁生动的语言设计。微课中受时间的限制,语言要求口齿清晰流畅,引导语简练,任务指向明确,条理清晰,用好地理学术语言讲究科学性。语言设计组织时,要明确选用的微课程大部分情景定位是学生在课前或课后,人机一对一的教和学而非一对多,讲解时微课语言不出现"同学们""大家""你们"等词汇;启发引导时,适当选用符合学生年龄特点的生活性语言增添生动性和趣味性;同时注重微课文字、语言、图片的科学性和准确性,突显关键词,强调逻辑性,避免知识性的错误,避免误导性的描述。教师可以根据自己的特点精彩创意微课的语言,力求语境富有感染力。

二是适量形象的图表设计。地图是地理的第二语言,微课设计要慎重地精选图表资料,选图用图要恰到好处。如果图表太多会显得累赘繁杂,可能造成学生在几分钟微课程学习中思路混乱;如果图表太少可能因给学生知识增长的铺垫太少而无法理解相关的知识点。因此选用图表要精准适量、形象直观。

三是适度有效的课件设计。素材选定后制作微课程课件要注意:一要以趣激学,具有美感。设计时明确微课程课件每一张幻灯片的用途,考虑既能吸引学生注意力,又能激发学生的学习兴趣,带给学生美的享受。二要动态静态画面有机结合。微课程设计要尽量让学生在几分钟时间内能体验学、思、讲、练的过程。比如学生分析西亚气候特征时,学习读懂气温曲线降水柱状图,可以设计为卡通动画动态的读图过程,学生如果看不懂还可以调用素材包的某一动画进行该知识能力点重复学习;思考西亚房屋建筑特点与自然环境的关系时,可以让图片和问题适当停留片刻,设计为静态的思考片段,给学生进行调拨储备知识产生思维碰撞的时间和空间,这样才能增强微课程的学习效果。三要合理安排信息量减轻负担。在制作微课程课件时,根据教学内容和教学目的的需求,有效组织信息资源,提供适度的信息量,恰到好处地突破重难点,使学生通过多个感觉器官轻松愉快地获取相关信息,促进逻辑思维水到渠成。

四是注意录制细节。前期精心准备之后,录制细节将决定微课程的成败,如使用 Camtasia Studio 微课程录制软件录音时,外部环境要安静无噪声,声音响亮,节奏感强。若使用拍摄设置要注意:保持摄像头清洁,远离强光刺激,不背光,需要时适当打光,确保光线充足,保证视频画质清晰;恰当应用技术,千万不要变成技术的演示,"喧宾夺主"滥用技术,分散学生学习的注意力。

简单粗糙的设计微课程既浪费教师的时间也耽误了学生的学习。华东师范大学刘明卓老师认为:微课程应是一种适应现代快节奏,适合移动学习、泛在学习、碎片化学习等而围绕某个教学主题精细化设计的时间短、内容精 、容量小的新型课程形态。因此,用心、巧妙地设计微课程教学活动,才能有效地激发学生的学习兴趣,培养学生自主学习的能力,提高学生的学习效果,并非地理课中的小问题、小现象华丽转身为地理"微课程"。作为新时代的初中地理教师更应该多了解微课程录制和使用的方法,抓住学科的特性,做微课设计的有心人。

第五节 探究微格教学,共创幸福课堂

　　微格教学是一种利用现代化教学技术手段来培训师范生和在职教师教学技能的系统方法。微格教学创始人之一,美国教育学博士德瓦埃·特·爱伦认为微格教学"是一个缩小了的、可控制的教学环境,它使准备成为或已经是教师的人有可能集中掌握某一特定的教学技能和教学内容"。微格教学是一个精简版的课堂,它能给练习者大量的反馈意见。微格教学虽然时间短,但对教师的要求很高,正因为需要精简,才必须将一节课最精炼的部分呈现出来,让学生在最短的时间内听懂,提高学习的效率。

　　为更好达到地理教学的育人目标,教师这个引导者的角色非常重要。要做到与学生、知识心灵相通,还须训练有素。微格教学是每个新手地理教师,甚至是所有地理教师提升教学技能的一个有效手段。麻雀虽小,五脏俱全。简短的微格教学包括从备课到上课的每个环节,时间内容精简,但从不马虎。上课的效果,仰仗于备课,备课不仅备知识内容,更要备学生的情况,包括学生的已有知识结构、性格特点等等。微格教学要在短时间内将这些元素连同知识精要一起融入,并让学生理解,十分考验教师的基本功。

　　2014年初冬,蒙蒙的细雨笼罩着六朝古都——南京,而南京市中华中学校园内却热情似火。11月26日,来自全国各地的200多位初中地理教师在这里欢聚一堂,参加人民教育出版社举办的"全国人教版初中地理教材微格教学评比活动"。其间,来自各省区的60位参赛选手进行课堂比艺,激情角逐。作为一名从教20多年的初中地理教师,我有幸参加全国性的微格课堂赛课观摩活动,感到无比欣喜。选手们高超的教学技艺,同伴互助的团队力量,名师引领的课堂魅力,年轻选手的洒脱展示,给我留下了深刻的记忆。

　　那时,根据《义务教育地理课程标准(2011年版)》修订的地理教科书刚刚使用一轮,人教社地理室就组织筹办全国性微格课堂比赛,可谓雪中送炭。两天赛程安排井然有序、科学合理,比赛程序公开、公平、公正,紧张务实的比赛给所有的参赛选手和观摩教师带来了正能量。比赛最突出的特点是"同标异构""同课异构",组委会提供12个课题,即课程标准的12条内容标准(七、八年级各6条标准),每个课题均有5位(共60位)选手参赛。如"运用地图和其他资料,联系某国家自然条件特点,简要分析该国因地制宜发展经济的实例。"该课题的5位选手,设计的教学内容有俄罗斯的工业、美国的农业、澳大利亚的畜牧业等。比赛分两个赛场同时进行,每位选手进行15分钟的微格课堂教学展示,整个赛程紧张有序,创意层出不穷。华中师范大学李家清教授、福建师范大学袁书琪教授和人教社地理室高俊昌主任三位专家赛后画龙点睛的评课,开启了我创建幸福地理课堂的"心门",经过两天视听盛宴的洗礼,我对地理教学有了新的认识。

一、课中有"标"的有效课堂

《义务教育地理课程标准(2011年版)》指出,"义务教育地理课程有助于学生感受不同区域的自然地理、人文地理特征,从地理的视角认识和欣赏我们所生存的这个世界,从而提升生活品位和精神体验层次,增进学生对地理环境的理解力和适应能力;这有助于学生形成正确的情感态度与价值观和良好的行为习惯,培养学生应对人口、资源、环境与发展问题的初步能力。这将利于为国家乃至全球的环境保护和可持续发展培养活跃的、有责任感的公民。"课标明确告诉我们,初中地理根据课程标准践行新课程的教学目标是三维一体的。

李家清教授认为:"三维目标是综合的,知识与技能是基础,过程与方法是关键,情感、态度与价值观是目标。"课标是教育设计的首位。一堂有效的课必须有合理明确的教学目标,设计教学目标的依据是课程标准。在当前一标多本的教材环境之下,教师如何选用教材,如何践行新课程,都很考验教师的基本素质,如果教师对课标解读不深入,预设和生成的课难免会有偏颇。例如,本次赛课中有些选手没有很好地理解"应用图表说出某地区气候特点以及气候对当地农业生产和生活的影响"和"运用地图和其他资料,联系某国家自然条件特点,简要分析该国因地制宜发展经济的实例。"对这两个课题后半部分的内容标准没有很好地理解。微格课堂上出现了把某地区或大洲仅作为案例,没有注意指导学生了解探究区域。再如,对"因地制宜"的理解并不是农业区位,而是概括出特点、城市分布、交通、河流等参照物之间的相互关系,可设计为思维导图,更好地将课堂标准的要求落到实处。

袁书琪教授指出,有效的课堂设计要紧扣课标,对课标的理解要完整,不能七零八落,要做到因地、因时、因人制宜选用教材以外的内容,构建开放性的课程资源。但要注意科学性，如行政区等称谓要特别注意，"如自治区有省会吗？"如果出现这种地理词句，就出现了科学性的错误，甚至是政治性的问题。再如，八年级学习的"长江"是重要的内容，教师在解读课标"运用地图和资料，说出长江、黄河的主要水文特征以及对社会经济发展的影响"时，不仅要注意流域的概况、开发和整治，还要注意水位、水量、流速、流量、结冰期和含沙量等水文特征。

因此，教学目标设计以课标为本位的意识还需提高，课中有"标"，才能设计出科学合理的教学目标，才有利于生成有效的课堂。

二、眼中有"生"的爱心课堂

课堂的主人是学生，要让学生在地理课堂上快乐成长，教师设计和引导的教学问题、活动、探究点等就要让学生感兴趣，设计学生乐于参与课堂的各项活动。教师需要了解生情，初中学生活泼好动、好奇心强、自控能力弱、注意力易于分散，因此，教师要掌控到位。本次赛课中选手们在指导、引导、诱导学生参与学习的过程中，在了解生情的基础上应用多种方法，如读图、填图、演示、实验、竞赛、角色扮演、歌曲改编等，通过各种途径帮助学生感知身边的地理事物和现象，积累了丰富的地理表象。选手们注重通过活动解决问题，培育学生探究习惯，调动学生的积极性，体现了选手眼中的学生。有些教师在讲课过程中设计了各种"花样"，将鲜活的"虾蟹鱼肉"摆满饭桌，这在平时教学中难于做到，就不适合推广。

"眼中有生"的课堂还体现在教师对学生各种表现的评价上，本次微格课堂赛课，大部分选手都做得很好，解答及时到位，对于答对的学生给予肯定和表扬，对答错的给予引导和鼓励，对有疑惑的进行启发、运用旁敲侧击等方法进行引导梳理，体现了教师对学生学习行为的关爱。

袁教授指出，"细微之处树立师德"。女教师的着装得体、男教师的仪态端庄，选手们细微之处的表现体现了良好的教师素养。教师的一点一滴都印在学生眼里，教师的形象和教态等一些非言语信息都影响这课堂的效果，端庄得体的言行也有助于学生的正确审美以及良好品德的形成。

三、手中有"技"的鲜活课堂

鲜活的课堂需要教师拥有较高的教学技能，主要包括教师基本功、信息技术和学科素养等。语言流畅、感染力强、逻辑清晰、课堂调控好是一堂好课的最基本要求。注重教学资源的开发,充分利用身边的地理资源,可以变换出很多教学方式,践行"学习对生活有用的地理、学习对终身发展有用的地理和构建开放的地理课程"的基本理念。例如,很多选手利用南京市的自然环境特点和历史文化等来创设情境。

学科素养决定一堂课的成功与否。袁教授提出,初中地理教师一定要注重学科逻辑和学科素养的提高。地理学科逻辑是生命线,空间性和时间性十分重要,特别是自然地理因素和人文地理因素对地理现象和地理过程的综合影响。一堂好课需要地理素质和信息技术能力并驾齐驱,如果仅注重多媒体使用形式,那么形式促进内容仅为特殊瞬间,达不到根本问题的解决。因此,要注重地理学科综合能力的提高,帮助学生发展智商,提高情商。如设计教学目标的行为动词选择要有一定的教育心理学和逻辑学支撑,"了解"与"理解"有能力层次之别,"要素"与"因素"有特征与成因之别。微格课堂15分钟是个完整的巡回,因此,课堂技艺至关重要。

四、心中有"合"的互助课堂

集体的智慧是无穷的,心中有"合"的课堂才会其乐融融,不断碰撞出智慧的火花。本次赛课,多数选手都很注重设计生生合作,而且形式多样,包括结对合作(或同桌合作)、小组合作、集体合作等,呈现出自主合作探究的学习模式。如针对课题"运用地图和其他资料,联系某国家自然条件特点,简要分析该国因地制宜发展经济的实例",福建的吴玉华老师设计了美国农业带分布的探索之旅,分成小麦组、玉米组、奶牛养殖组和灌溉农业组4个小组,展开生生小组合作学习活动,让小组成员既有明确的分工,又有协作,既要大胆发表看法,又虚心倾听他人意见,激励小组成员共同参与、动手、动脑,让学生在合作中提升各种能力。

课堂上师生合作是教与学的互动,教师与学生分享彼此的经验、知识、观念等,会使教师对教学内容有新的理解和发现,从而达到教学相长和共同发展。课堂上教师应摆好自己的位置,当好教练、裁判、引导者和组织者。在学生合作学习时,教师要走到局外,做清醒的"旁观者",重视学生主动参与,重视学生知识与方法的学习、体验和迁移,不刻意追求最终的结论,而应重视学生整个合作成长的过程。

教师的成长不仅需要自身学习,更多的还要依托于同伴之间的合作。

赛课选手们的精彩表现也得益于教研组和指导教师大力支持和帮助。李家清教授在赛后点评中讲到，"本次赛课体现出选手们的成果是同伴互助、团结协作、精心打造的成果，各参赛单位十分重视，赛场内外得到了'亲友团'的支持、鼓励和热情帮助。"教师队伍建设需要名师的引领和辐射，需要教师合作学习，互相促进，从而共同创建和谐、幸福的课堂。

循道教学主张不仅适用于对学生的教育，对于教师的成长，一样成立。一切助力学生的有为，都为"无为"教育做铺垫。不断改变传统的教学理念，不断精进自己的教学技能，潜心钻研，善于总结，才能使教育无为而治。教师的育人思想贯穿于课堂，便成就了教师的自信和学生的幸福感。

第六节　"以考代练"，立竿见影

教育是党之大计，国之大计。中小学教育践行社会主义核心价值观，助力学科核心素养的有效落地。近年来掀起一波又一波的教育教学改革，主管部门通过各种评价体系衡量各地区的教改成效，办好人民满意教育，凸显学校办学质量。有效教学是当今各个学校追求的理想状态。为培养适应未来社会发展变化、应对和解决社会真实情景问题的公民，国家通过升学考试评价机制引导一线教育教学模式的深度变革。摆在学校和学生面前的"提分"任务，使得教育工作者必须思考该怎么办？人人皆知考试答题才能得分，那么这题是什么样的题？怎么才能确保学生得到更高的分呢？我所处的学校是初中校，纵观各学科的中考题都是在立德树人的大框架下的能力立意命题。这就要求教师要引导学生夯实基础、训练能力、迁移应用、"刷题"反馈、巩固提升。教师如何帮助学生提质增效，提高学习能力获得总分最大化，需要大家群策群力共同奋斗。笔者所在学校 7 年级工作领导干部和段长召集语数英政史地生七个学科的集体备课组长讨论交流，决定尝试"以考代练"，实现有效教学。

一、拟定"以考代练"方案

"以考代练"大家并不陌生，但有众多的运行模式，特别是中高考前各类的模拟题、中高考真题通过"以考代练"的模式训练学生,至于效果也众说风云,有的效果好,有的还可以,有的根本没有效果。我认为学生学习能力和考试能力的训练模式是否有效果,更关键是看运行者的前期调研、方案设计和实际执行力度。

针对新初一学生实行"以考代练"的目的是提高学生下午第三节课后学习效率,学校秋冬春三个季节下午 4:40 是初一学生第三节下课时间,因实行错峰放学,孩子们一般是 5:30 出校门。那么课后服务 50 分钟时间如何充分应用,值得年段长和下段领导好好思考。开展调研是深入群众的法宝。段长等年段主要负责人在校长的许可下,酝酿召集各学科集备组长研讨"以考代练"要不要实施?怎么实施?有几个学科实施?实施多久?大家围绕着这一系列问题开展线上线下讨论。经过几天的集思广益,各学科都同意参与"以考代练",年段拟定以下初步方案:

(1)目的:以考代练、以考促学、以考助教,帮助学生用好下午第三节课后 50 分钟,提高有效教学。

(2)时间安排:周一到周五每天下午 16:45—17:05 学生自主复习相关内容,17:05—17:30 分别进行 7 个学科错开安排的测试。各学科考试时间安排见表 2-6-1。

表 2-6-1　各学科考试时间安排

学科 时间	周一	周二	周三	周四	周五
单周	英语	语文	数学	地理	政治
双周	英语	语文	数学	历史	生物

(3)命题要求:根据课程标准和考纲,各学科结合教学进度、学生学习情况及考试时间命制合适题量、合适难度的试卷,考题范围可适当加一些近期或上学期的学习内容。

(4)监考安排:本学科考试时要求科任老师到位监考,考后商定评分标准,分配改卷任务。监考老师不够的班级由年段长安排班主任协助监考。

(5)改卷要求客观题通过智学网系统刷卡自动生成,主观题根据各学科实际情况安排自主选择机改或手改,主要考虑哪种方式更便于获取数据,便于反馈学生学习体验、状态及各块内容的理解、应用和掌握情况。由于考试时间短,题量少,成绩就有可能尽快与学生见面。

(6)讲评分析:有智学网数据为参考,减轻了教师讲评试卷的负担,而且针对性强,有助于师生尽快找出易错点及能力薄弱点,进行有效的训练。

二、执行"以考代练"的过程

全年段 7 个学科实行"以考代练"给学科教师和班主任增加了很多工作量,但在前期充分调研的情况下,老师们参与了解和安排"以考代练"的各个环节与步骤,认识到充分利用时间达到有效教与学的重要性。以集体备课组为团队的形式激励教师们的工作热情,本年级教师基本上都乐于接受"以考代练"工作的安排。各学科由集体备课组长统筹安排命题、改卷、数据分析,根据每次的成绩,突破薄弱点和薄弱班及薄弱师。在实际操作过程中,各学科的共性可以根据实际情况适当调整,具体操作允许各学科略有差异。

学生们明白每天"以考代练"要考的科目和范围,大部分同学会做好复习,特别是考前十几分钟,他们个个斗志昂扬地进行快速识记或纠正错题,期待美好的考试过程和第二天满意的成绩,用学生的话讲就是"刺激",也便于家长密切关注学生的学习效果和学习状态。

实施过程需要协调的问题:

(1)关于改卷,需要教务处协助扫描答题卡。

(2)周三教工大会时间有十二位老师需要请假负责监考。

(3)监考、改卷增加教师工作量,能否给予一定的绩效和课酬。

(4)初一年段下午错峰放学时间需要延迟到 17:30。

年段长是"以考代练"工作的总指挥、总协调,结合学校的大型活动适时做好微调,并对各学科运行情况给予关心和指导,试运行一个学期来基本顺利。

三、反思"以考代练"的效果

经过近一个学期的实验,本年级学生期末考成绩全科优秀率接近30%,及格率接近80%。从学校所处的地域和生源情况来看,结合试题难度和题量,与半期考相比,优生基本不下滑,薄弱生下滑局面略有控制,整体有进步趋势,可见"以考代练"能促进有效教学。主要是碎片时间集约化,有规律地"以考代练"可测量各学科相应时间段的教学质量,便于师生补缺补漏,调动教师教科研积极性,有利于以考促学、以考助教,也有助于家长适时了解孩子各学科学习状况,并达成有效的监管和监督。

但全年级多学科统一安排的"以考代练"工作是个大工程,涉及面广,参与人员多,各学科教学有差异,因此会遇到诸多问题。比如收集部分学科意见。

(一)数学

"以考代练",对于数学学科来说,考虑我们平时都有两周一次单元考试,偶尔有的单元教学内容少,课时不紧,一周就有一次单元考试,再加上"以考代练"显得考试就比较频繁。从教师角度说,批改当天试卷,一般是两个班级,同时还有正常的两个班级作业。这样工作量相对大了……从学生角度说,数学考试时间需要比较多,"以考代练"时需要提前考推迟收卷,这样学生当天自主调控的时间少了,原本在学校能够完成的作业,需要晚上回家做,所以睡觉时间就会推迟。数学学科希望"以考代练"能够灵活安排。

(二)政治

"以考代练"的好处在于每周点滴积累,夯实基础,到期中期末,师生心中都可以淡定些,不要跟其他科抢时间。不足之处有,年段3个代课老师教9个班,他们可能无法跟上这节拍,往往只走形式而没落实,集备组长辛苦出的每周小测卷便是浪费了。本学科比较强调理解背诵,我们坚持一周一练,题量小,正常记忆约10分钟,测试时间10分钟,各班小测时间放在这个班本周最后一节政治课堂。政治学科希望隔周"以考代练"时间用于读书。

(三)地理

时间安排,考前安排时间理解记忆,20分钟考试题量不大,对学生来说不会有非常大的压力,而且将识记日常化,减轻半期、期末临考前压力!试卷的设计题型参考中考标准,平时对学生的解题思维进行训练,让学生对所学知识能够灵活运用。从效果看,对于自觉学生效果较明显,但对于落后学生效果有限,希望落后学生还要进行考后强化训练。

(四)历史

"以考代练"运行情况反馈。历史需要记忆的基础知识较多,每课一张知识清单需要检测并落实过关。历史课程的课时紧张,"以考代练"是很好的课外辅助。另外,隔周一次的时间安排非常合理,能进行知识的综合运用检测。但初一年段只有两位历史老师,"以考代练"后每人六个班改卷的工作量太大了。

从以上四个学科收集来的意见看,平时语数英教学时间比较充足且单元测试常态化,就显得"以考代练"略有多余。政史地生四个学科比较需要"以考代练"辅助,让复习巩固日常化,辅助训练解题思维解题技巧,释放大考前的压力。

四、提高"以考代练"的效益

"以考代练"在十六中初一起始年段一个学期的实验,算是磕磕碰碰地运行,各学科几家欢喜几家愁。对于教师来说,教学更有目的性,但工作量大大增加,不同学科的需求度也有不同。从学生角度看来,他们的学习强度增大,"以考代练"的做法让中等学生收获比较大,优生能轻松过关但提升力度不太大,对于薄弱且不自觉的学生,"以考代练"的效果并不明显。综合评价"以考代练"在一定程度上提高了教学的有效性,能够使期末考试的优秀率和及格率基本持平并略有提升。如何提高"以考代练"的教学效益?思考如下:

（一）年段可根据学科需求适当调整"以考代练"的方式和运行模式

语数英三科可以根据需要安排考试、教师辅导或学生自学,下午第三节课后 50 分钟尽量不要用于讲课。政史地生四个学科隔周安排"以考代练",但要加强做好命题、监考、改卷、讲评、订正和数据分析管理。尊重个别学科将测试和读书背书进一步碎片化、集约化。

（二）激发教师主动性,落实以考助教

鼓励教师工作积极性,传承学校爱岗敬业、追求卓越、乐于奉献的精神。鼓励教师学习教育教学理论,珍惜实践过程,及时反思、及时精进。"有效教学"是为了提高教师的工作效益、强化过程评价和目标管理的一种现代教学理念。学生只要取得了自己应有的"进步和发展",就应当认定是"有效教学"的体现。"以考代练"有利于教师强化过程性评价和目标管理,但教师要主动参与才能把命题、改卷、数据分析等导向课堂教学工作做到实处。

命题十分考验教师的专业水平,需要时刻掌握考试的最新动向,落实立德树人,掌握命题的导向性、科学性和评价功能,让老师们认识到新时代教科研工作要有新的理念、新的使命、新的担当。"以考代练"要求教师以考助教,让学生对近一两周教学内容的基本知识结构清晰感知、深刻理解,使新知和旧知建立联系,并在考试时得到心理上的体验、内化与应用,使旧知识得以改造和发展,在头脑里构成自己的认知系统,提高解决实际问题和应对现实生活的能力。借助"以考代练"数据和痕迹,促使教师努力整合时间,整合资源,不断提高专业技术水平。

(三)端正学生态度,优化学习方法

愉悦初中学习生活是家校共同的目标。年段工作力促学生优化情绪,充满自信。引导学生在"以考代练"中多看自己的长处和潜力,激发自信心。部分成绩优秀的同学在中考中失利,他们不是输在知识能力上,而是败在信心上。通过频繁的"以考代练"让学生对考试不再有压力,要学会转移压力情绪,把考试当练习,把自己的情绪调整到最佳状态。

通过"以考代练",学生逐步学会应用对照考点,重新温习概念、公式、定理等最直接的途径,在教材重点、时代热点、高频考点上着重加强,吃透课本中的典型例子、习题,并针对知识盲点及时查漏补缺,日积月累循序渐进,以不变应万变,提高学习效率。通过"以考代练",学生认识到平时要积极主动地享受课堂:在课堂上,要活跃思维,主动大胆说出自己的解题方法、思维方法,认真做好笔记,在听课时把不同性质的问题用不同的符号标注出来,尽量在课上解决问题,不断优化学习方法,注重自我感悟、切身体验、合作探究,在每次练习中独立思考,去主动感悟每道题的情境、立意、设问、答案等,调动听、说、读、写、分析、语言表达、知识迁移等能力,有针对性和实效性地找到自己的差距。

自实施课改以来,传统考试制度和素质教育的矛盾成为一项很大的争议。许多人认为在中高考指挥棒下是难以实施素质教育的。然而我认为并不应该割裂和对立地看待这二者,而需要去寻找二者间的平衡。实施素质教育也可以实行中高考。学校在实施素质教育、多元评价的同时,是否也能够实现成绩的提高?"以考代练"是促进师生进步的一种有效手段,但必须符合教学之道,这是一种关注教师成长和学生有效学习的方法,需根据教学进度、学生能力等各种现实因素有计划地实施,若只是将考当作是题海战术,压榨学生,则会对教学起到反作用,成为教师和学生的巨大压力。"以考代练"的课堂,也必须"循道"而行。

第三章

校园"循道"，妙"仪"生花

"学习对生活有用的地理"是地理教育新理念。教师因材施教因地制宜开发创设丰富的教学资源。教室外校园里的场地最为便利与安全，笔者尝试组织学生用森林罗盘仪测绘校园平面图，对于同一批学生利用接近两个学年的活动课，间歇性地参与校园测绘等地理实践活动，可谓累并快乐着。在学习、操作、测量、绘图、展示、交流过程中，体验合作、试错、探究、坚持、纠错、感恩等技能训练与情感体验，师生在具身环境碰撞中学习塑造良好的意志品质、提升地理实践力，助力学科核心素养落地。

第一节 校园测绘,提升实践力

新课标指出:"地理实践是支持学生地理学科核心素养发展的重要手段……地理实践活动的设计和实施,要以地理学科核心素养的培养为宗旨,与地理理论知识的学习和应用相结合,引导学生用地理视角去观察、行动和思考,并在对真实世界的感受和体验中进一步提升理性认识,逐步建立起地理知识之间的关联。"我一直认为地理实践力是培养学生地理核心素养的可控环节,也即可以通过地理实践力的培养,促成对人地关系的正确价值观。地理实践力除了是教学的抓手外,还能够还原学习的真实过程,在真实情境中,通过亲手操作、感受来培养学生的综合能力和价值观。

陆游说过:"纸上得来终觉浅,绝知此事要躬行。"可见自古以来,大家认可实践的重要性。实践是人们能改造和探索现实世界的一切社会性的客观物质性活动。人在实践中认识和发现真理,在实践中检验和发展真理,这是一条经得起时间考验的哲学定律,而我在教学的过程中,也确确实实体会到了这点。

李家清在《核心素养:深化地理课程改革的新指向》一文中指出:地理核心素养是地理学科教育赋予人的发展的价值体现,是以满足学生终身发展所需要的关键素养。2016年新修订的地理课程标准,将人地协调观、综合思维、区域认知和地理实践力四大地理学科核心素养作为课程要求的内容。地理实践力是地理学科的核心素养之一,主要指在运用地图工具、地理模拟实验和演示、地理观察和测量、地理野外考察和社会调查、生活中定位和出行等活动中,实践能力与品质的综合表现。因此地理实践力的培养需要依托校本实践活动,如组织学生开展社会调查、动手实验、户外考察、研学旅行等活动,从而培养学生地理创新思维和实践能力。

地理实践力被提到了前所未有的高度,但地理实践力的培养难以在教室内的课堂较好地落地。目前,初中地理知识的教授与学习基本局限在课堂内,往往由于不好操作容易被忽略,时常仅仅以课堂演示和简单实验等方式进行呈现。学生学习的检测反馈也主要是通过考试,地理知识只是存留在大脑中,与实际生活的联系大多是靠联想,很少实践。

针对上述问题和地理实践力培养的重要性思考,笔者所在学校从走出教室的角度思考,依托学校开设的综合实践课程为平台,开展中学生校园测绘活动课程。看图、画图、用图是地理实践力的重要组成。地图是一个载体,既承载了地理的学习内容,也是学习的工具,既能通过地图来获取、分析信息,也能利用地图来解决问题。中学生校园测绘活动是基于校园环境的地理实践活动,为学生在熟悉而安全的环境中提供了一条地理实践力培养的有效途径。让学生在校园室外实地操作测量仪器、绘制校园平面图,体验动手操作、实践探究,既避免了外出活动申报审批的烦琐,又能培养学生对校园的情感,通过此课程突破传统课堂,多感官刺激学生,激发中学生对课程的兴趣。校园测绘活动以学生为主体,着眼于地图的测量和绘制,让学生探究地图如何而来,同时组织学生走出教室,通过学习利用测绘工具进行室外测量,掌握简单的测绘方法,培养学生的地理实践和创新能力。活动中,学生可以通过实地测量、记录、分析数据,提高测绘实践能力;通过分小组合作,提高团队协作能力;通过分享展示,培养总结经验和成果汇报能力,从而达到学习对生活有用地理的目的。

该课程的难点在于测绘的专业性较强,师生对测绘知识基本空白,因此在进行大量相关测绘书籍、文献检索学习的基础上,借助学校"专家讲坛"平台邀请了大学地理测绘专业相关专家开设了测绘知识讲座,并在校园内实地进行测绘实践指导。在讲座中,专家首先从理论上介绍了森林罗盘仪的各部件名称及作用;接着指导如何利用森林罗盘仪测定线段的磁方位角;如何利用皮尺测定地面两点的水平距离以及利用森林罗盘仪和皮尺测定校园平面图。讲座后在校园内实地指导师生进行分小组实践操作,学生在操作中不断发现问题,现场请专家帮忙指导解决问题,将理论和实践相结合。通过讲座,师生基本掌握测绘方法与技巧,解决了实际测绘过程中出现的问题;同时增强了师生团队协作的能力,为测绘实践课程打下基础。

开设地理校园室外测绘实践课程,每周有专门的 2 课时进行测绘,在课上将校园进行区域划分,按计划每节课测绘校园的局部平面图,最后整合完成一幅校园平面图。每节实践课程大致从以下 9 个方面开展:

一、分组合作共进步

将学生每 7 人分为一组进行合作,组内再进行具体分工,目标点定位 1 人,利用森林罗盘仪测定目标的磁方位角 2 人;利用皮尺测定水平距离 2 人,数据记录和绘图 2 人,每节课的分工进行轮换,经过反复实践操作,使得每个人都能独立熟练地测绘地图,切实提高测绘实践能力,同时通过学生间的相互合作,提升团队协作能力。在人员安排时要兼顾学生的学习能力、性格特征等。校园测绘不仅难度大,而且周期较长,因此势必会花费学生较多时间,学习能力较弱的学生将很难兼顾学习与测绘,也很难坚持下去,所以在学生选择上,应优先选择学习能力较强且兴趣浓厚的学生;其次,学生的性格特征也会影响测绘的开展,因为测绘活动需要学生分工协作,且协作性极强,个别学生的性格特征可能会影响测绘的效率及顺利开展。

二、合理规划提效率

按照每次课程安排制定具体测绘环节时间,初期由于使用器材不熟练,时间适当安排宽松一些,随着熟练度的不断提高,可以逐渐缩短每个点的测绘时间,增加每次的测绘容量,每次课程最后还要预留总结反思环节。可以由刚开始的老师安排逐渐过渡为由学生自主合理规划,提高测绘效率。

三、课堂延伸、确定比例尺

学生在人教版七年级第一章第三节"地图"已经学习过比例尺的计算公式,将课堂延伸结合校园实际大小和测绘图纸(A3)大小,估算比例尺大小,将课本所学知识运用到实践中,刚开始会出现比例尺太大或太小的问题,学生及时发现问题并进行调整,从而加深对比例尺知识的运用。

四、反复测量、提升熟练度

在测定区选择通视良好(避免测量视线受到遮挡)的点作为测站,安置森林罗盘仪,利用森林罗盘仪对目标点进行瞄准,测出磁方位角,再用皮尺测量目标点和森林罗盘仪两点之间的水平距离,利用该测站测完所有可视的点,通过不断的实地测量,使每个人都能熟练操作仪器。

五、数据记录、绘制

在森林罗盘仪的附近安置绘图板,方便在测量的同时绘图员能够及时记录各点的方位角和实地水平距离数值,根据比例尺和实地测量的距离计算得到图上距离,然后根据方位角和图上距离绘制每个目标点。在绘制过程中如果发现测量误差,要及时反馈给测量员,重新进行测量。

六、测站点更换

由于校园面积较大、视线遮挡等因素的影响,往往一个测站点无法完成所有的测量工作,这时就需要去其他的测站点进行测量,为了使所有测站点和所测所有目标点都在同一空间参照系下,就要利用前一测站点来测出新的测站点,通过类似的方式测完所有目标点。在这个过程中,学生能形象生动地认识到如何将立体空间事物转化成平面地图,也为日常的地理课程学习打下坚实基础。

七、根据数据绘制校园平面图

将每次课程测绘的校园局部图进行整合,完成一幅完整的校园平面图,由于学生的时间限制,只能测量出主要建筑物的基本轮廓,呈现出的平面图相对比较粗糙。在测绘过程中,学生对校园环境有了更深入了解,进一步提升了对校园的热爱。

八、平面图整饰

用自己设计的图例对应的符号、颜色、图案等修饰各种地物,在平面图上标注图名、比例尺、指北针、绘图人员、绘图日期等详细信息,还要检查图上地物的大小与实际大小的相对关系是否符合实际。通过整饰,让学生明白一幅完整的地图呈现离不开地图基本要素。

九、反思提升

在每次课程结束前,团队内先进行总结,然后每个团队派代表发言,总结在测绘过程中遇到的问题,以及下次测绘改进的方案,提升测绘实践能力。

地理实践力的培养是厚积薄发的。在整个测绘活动结束前,我们进行多元化的评价,从不同的角度进行综合性评价,更全面地提高学生实践力素养。合理的评价模式不仅可以较好地反馈学生在活动中培养的各项能力,而且可以有效地提高学生活动的积极性与效率。由于教师对学生地理实践力直接和间接的观察均有限,就需要学生进行自我评价,展示自己在实践中的行为和心理,教师结合其他评价方式,能更全面深刻地了解学生的地理实践力。因此,结合活动性质和学生活动过程的表现,采取了学生自评与小组互评、小组自评与组间互评、教师评价相结合,过程性评价与终结性评价相结合,多维度、多角度地评价本次活动。

用校园测绘活动来培养学生的地理实践力,是一次大胆的尝试,让地理教育回归真实情境。一方面,通过测绘活动,学生的地理观察和测量、数据转化、绘图、小组协作等地理实践能力都得到了提升;同时,学生在发现问题、解决问题的过程中,逐步培养了严谨负责的态度,不仅提高了解决问题的能力,还激发了思维的碰撞,形成创新性思维;而且该活动涉及校园的每个角落,学生在慢节奏的测绘过程有了更多机会欣赏熟悉的校园,发现、感受校园美。另一方面,策划指导校园测绘促进教师专业素养提升。在提倡核心素养教育理念的时代背景下,教师应具备更高的专业素养,更加重视对学生地理实践力的培养,策划组织各种活动,为学生创设丰富的实践机会,并在实践中提供指导,不断提高学生的地理实践能力。

第二节 工欲善其事,必先利其器

测绘是指利用测量仪器测定地面自然形态的地理要素和地表人工设施的形状、大小、空间位置及其属性等观测数据,然后根据观测数据通过地图制图方法将地面自然形态和人工设施绘制成地图。这是一项专业性较强的技能,对于初中生来说,社会经验、生活体验等实践感受少之又少,地理知识仅用于一份一份卷了的笔试,很少实践操作、实验、调查,很少探究地理事物与地理规律的成因。像测绘这样的活动更是知之甚少,但初中生好奇心强,活泼好动,精力旺盛,如能经过专业的理论和实践指导,定能掌握基础的测绘知识和方法。

说到测绘,测绘工具必不可少。在测绘活动中,罗盘仪是一种基础而常见的工具,它利用磁针确定方位,可以测定地面上直线的磁方位角或磁象限角,构造简单,使用方便。学生如若能够掌握罗盘仪的使用方法,校园测绘活动便能够较为顺利地开展。同时,使用罗盘仪的教学也是培养地理实践力、拓展地理知识的实践教学内容之一,让学习与未来接轨。

关于森林罗盘仪的使用教学,我们采用实操的方式进行,过程如下:

【案例】

森林罗盘仪的使用

一、教学目的

熟悉利用罗盘仪进行磁方位角测定、利用皮尺进行水平距离测定,并根据罗盘仪的磁方位角和皮尺测定距离进行定点测绘校园平面图。

二、教学场所

校园。

三、仪器设备与材料

森林罗盘仪(含三脚架、垂球)、绘图平板(含三脚架)、花秆、皮尺(50 m)、绘图量角器、直尺、绘图纸、HB 铅笔、大头针、透明胶等。

四、实训内容

(1)认识森林罗盘仪的各部件名称及作用;

(2)学习利用森林罗盘仪测定线段的磁方位角;

(3)学习利用皮尺测定地面两点的水平距离;

(4)学习利用森林罗盘仪和皮尺测定校园平面图。

五、实训步骤与方法

(一)森林罗盘仪仪器操作部件名称及作用

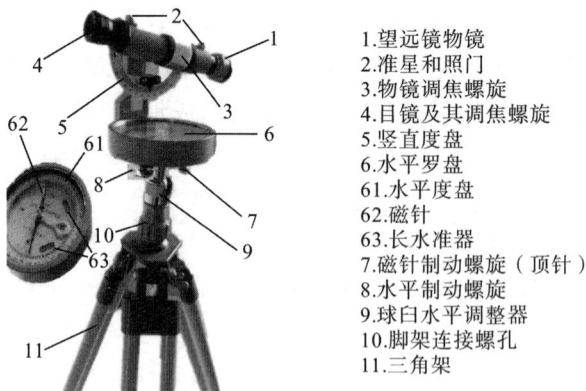

1.望远镜物镜
2.准星和照门
3.物镜调焦螺旋
4.目镜及其调焦螺旋
5.竖直度盘
6.水平罗盘
61.水平度盘
62.磁针
63.长水准器
7.磁针制动螺旋(顶针)
8.水平制动螺旋
9.球臼水平调整器
10.脚架连接螺孔
11.三角架

图 3-2-1　森林罗盘仪仪器操作部件名称

（二）森林罗盘仪测定磁方位角

欲测定地面上 AB 两点的磁方位角 α_{AB}，如图 3-2-2 所示。在起点 A 上架设森林罗盘仪，对中、整平后放松磁针，瞄准终点 B（或立在 B 上的花杆），待磁针自由静止后，读取罗盘仪磁针北端的读数，即为直线 AB 的磁方位角 α_{AB}。具体步骤如下：

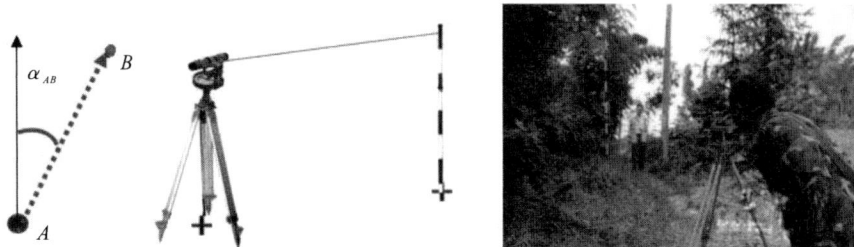

图 3-2-2　森林罗盘仪测定磁方位角示意图

1.（在起点）架设罗盘仪（对中/整平）

（1）仪器的安置与对中：张开三脚架置于起点的正上方，调节三脚架腿的长短，使其高度适中（齐肩）；旋下三脚架顶部的垂球帽露出螺杆，连接罗盘仪，并将垂球悬挂在三脚架上的挂钩，轻微移动三脚架，使垂球对准地面点。

（2）整平：松开球臼螺旋（图 3-2-1 中的部件 9），用手前后、左右俯仰罗盘盒，使罗盘盒中的两个长水准器的水准气泡居中，然后再旋紧球臼螺旋。

（3）放下磁针制动螺旋，让磁针自由转动。

2.瞄准目标点

（1）松开水平罗盘（照准部）制动螺旋（图 3-2-1 中的部件 8），使刻度盘可左右转动；

（2）松开望远镜的制动螺旋，使望远镜可上下旋转；

（3）调节目镜调焦螺旋（图 3-2-1 中的部件 4），使十字丝清晰；

（4）转动照准部，用望远镜的准星和照门（图 3-2-1 中的部件 2）瞄准目标点，然后将望远镜的制动螺旋和水平制动螺旋拧紧；

（5）调节望远镜的调焦螺旋，使目标清晰；

（6）转动望远镜的微动螺旋，并微动罗盘盒，使十字丝交点精确对准目标。

3.读数

待磁针静止后，正对磁针并沿注记增大方向读取磁针北端（南端有绑铜丝）所指的水平度盘上读数即为方位角（读数时估读到 $0.5°$）。图 3-2-3 所示方位角读数为 $300°$。

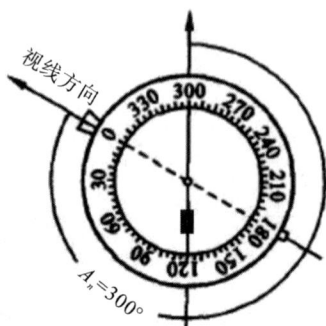

图 3-2-3　罗盘仪磁方位角读数示意图

（三）皮尺测定地面两点的水平距离

后尺手持皮尺"0"端，前尺手持皮尺末端，后尺手将"0"刻画对准起点 A，前尺手将尺紧靠终点 B，同时用力将尺子拉平，前尺手读出皮尺的读数即为 AB 的水平距离。

（四）利用森林罗盘仪和皮尺测定校园平面图

1.方案设计

（1）了解校园大概范围，根据图纸的大小确定绘图比例尺；

（2）确定需要测绘的主要地物要素（建筑物、运动场、绿地等）与方法；

（3）人员分工方案；

（4）测绘时间安排。

2.野外测绘平面图

（1）在指定测区内选择一通视良好的点 A 作为测站，在测站 A 安置森林罗盘仪。

（2）在测站旁安置绘图板，在图纸上适当位置定出 a 点，画出过 a 点的北方向线 an（只需画出能在量角器上读数的一小段），用大头针将量角器圆孔中心钉在 a 点。

（3）用罗盘仪瞄准地物特征点或立在其上的花杆（如房屋的角点 1），按测定磁方位角的方法测出其方位角 β，记录该方位角。

（4）测量员用皮尺测出测站点 A 到特征点（如房屋角点 1）的水平距离 D，记录该值，并根据测量的距离 D 除以比例尺 m 得到图上距离 d。

（5）绘图员根据方位角 β 和图上水平距离 d 绘制该特征点：绘图员让量角器上的 β 角大小的刻度对准北方向线 an，则量角器 0 度方向即为该特征点方向；从 a 点沿量角器边缘量出距离 d 即为该特征点的图上位置。整个测量与绘图的示意如图 3-2-4 所示。

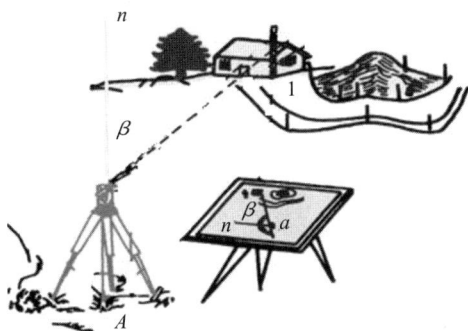

图 3-2-4　特征点位置测量示意

（6）利用该测站测完所有可视的特征点，并及时绘制对应的平面图。

（7）由于视线遮挡等因素的影响，往往一个测站无法完成所有地物的测量工作，这时需要到其他测站去完成测量工作，为了使这些测站点及其所测地物在同一空间参照系（坐标系）下，可利用前一测站点（如 A）测出新的测站点（如 B，测绘方法同特征点测量）。

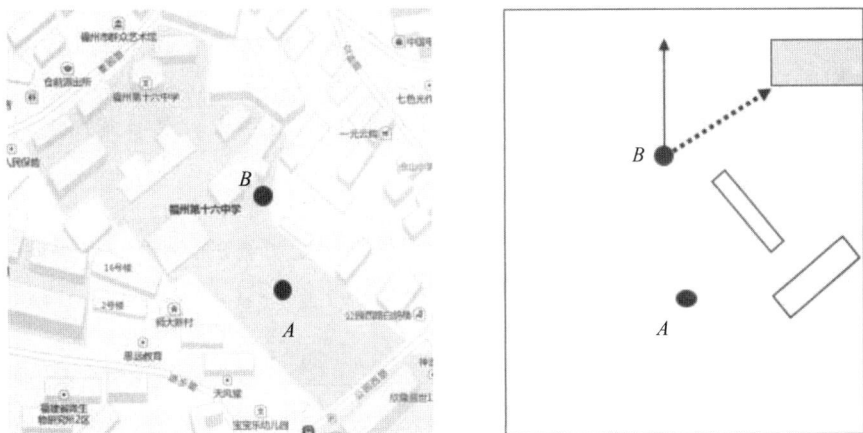

图 3-2-5　测站搬迁示意图

（8）以新的测站点 B 测量并绘制其周围地物的特征点。B 点的北方向线通过绘制一条与 A 点的北方向线的平行线来确定。

（9）如果该测站点还无法完成测量任务，可按类似的方式新建测站点并施测和绘制周围地物，直至测完所有要素。

3.平面图整饰

（1）地物符号化：用图例对应的符号、颜色、图案等修饰各种地物；

（2）注记：标注上图名、比例尺、指北针、绘图单位与绘图日期等信息；

（3）检查：检查图面地物的大小、相对关系是否与实际相符。

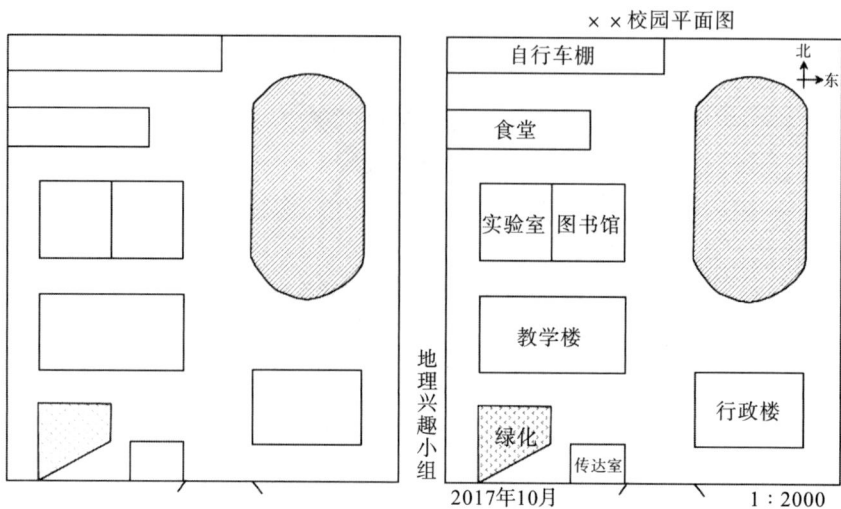

图 3-2-6　整饰前的校园平面图

图 3-2-7　整饰后的校园平面图

工欲善其事，必先利其器。在了解了森林罗盘仪的构造和功能后，学生们对这个新鲜事物十分感兴趣，纷纷动手操作起来。在与同学、老师讨论和交流的过程中，慢慢摸索起森林罗盘仪的使用方法。教学循道，学生寻道。学生带着目标（掌握森林罗盘仪的使用方法），在老师的指引下（老师简单介绍使用背景、构造、用途和操作方法），自己探究学习过程（操作、交流与研讨），正体现了我的教学主张，最后的结果是可喜的，学生们很快就掌握了森林罗盘仪的使用方法，也就意味着校园测绘活动已经成功了一半。

第三节　以旗为杆，玩转数理之精妙

之所以强调学习"对生活有用的地理"，是因为地理知识从生活中来，贴近生活实际。如果孩子们在课堂上学到的知识无法应用于生活实际，那么，如此的学习毫无意义可言。地理学科如能从生活切入，又用于解决实际问题，那定是饶有趣味的一门学科。当然，生活的范畴和内容是丰富庞杂的，要从这纷繁的系统中选取作为教学的素材，需要的是以小见大，让学生能够举一反三。

森林罗盘仪对于初中学生来说是一种比较陌生的工具,虽然经过查阅资料和专家的讲解,学生们对它有了概念上的认识,但是如何将它跟测量活动接轨,还是懵懵懂懂。在了解完森林罗盘仪的构造和用法后,是否真正学会使用,还需要实践。我首先选取校园中最常见又最简单的建筑物——旗杆,作为这次实践学习的起点。旗杆的直线构造十分便于选取参照点和观测点,在光影转换之间,利用孩子们在数学课上学过的相似三角形、勾股定理等知识,便可以轻松测出它的高度。下面以"测量旗杆的高度"教学设计为例讲解。

【案例】

测量旗杆的高度教学设计

一、教学目标

（一）知识与技能

（1）通过测量旗杆的高度的活动,巩固相似三角形和三角函数有关知识,积累数学活动的经验。

（2）熟悉测量工具的使用技能,了解小镜子使用的物理原理。

（二）过程与方法

（1）通过测量旗杆的高度,使学生运用所学知识解决问题,以分组合作活动的方法进行全班交流,进一步积累数学活动经验。

（2）通过测量活动,使学生初步学会数学建模的方法。

（3）提高综合运用知识的能力。

（三）情感态度与价值观

（1）理解数学模型来源于生活,又为解决生活中的某一问题而服务,体会数学与实际生活的紧密联系,从而增强学生的数学应用意识。

（2）通过问题情境的设置,培养学生积极的进取精神,增强学生数学学习的自信心。实现学生之间的交流合作,体现数学知识解决实际问题的价值。

二、教学重点

综合运用相似三角形判定条件、性质和三角函数知识解决实际问题。

三、教学难点

（1）学生在操作过程中如何联系课本中的知识。

（2）抓住测量方法,结合所学,进行问题的解决。

教学资源:标杆、卷尺、含30度的直角三角板、镜子、测倾器、纸、记录笔。

四、课时安排

2课时。

五、教学过程

(一)问题导入

同学们,我们学校操场的旗杆很高,我们如何能知道它的高度呢? 我们能否运用所学知识来解决这一问题呢? 这就是这节课我们将要解决的问题。

(二)探究新知

将全班分成 3 人一组,选出组长。

1.活动 1:利用太阳光下的影子

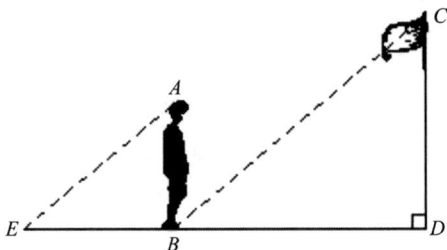

图 3-3-1   利用太阳光下的影子

实验原理:利用太阳光是平行光,得到 $\triangle ABE \backsim \triangle CDB$。

具体操作:小组选一名同学直立于旗杆影子的顶端处。

需测量的数据:观测者的身高 AB、观测者的影长 BE、同一时刻旗杆的影长 BD。

计算方法:由 $\triangle ABE \backsim \triangle CDB$ 得 $\dfrac{AB}{CD}=\dfrac{BE}{BD}$ 从而求出 $CD=\dfrac{AB \cdot BD}{BE}$。

优点:测量简便易行、计算快捷。

缺点:需要阳光,阴天不行。

2.活动 2:利用标杆,用眼睛观测,观测者的眼睛与标杆的顶端和旗杆的顶端"三点共线"

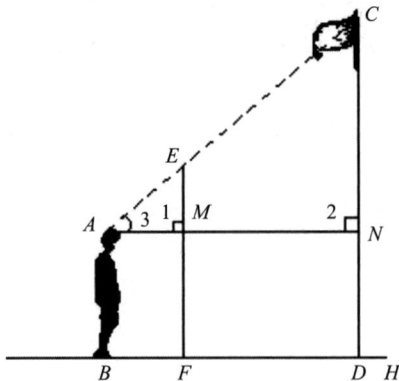

图 3-3-2   利用"三点共线"

实验原理:当旗杆顶部、标杆的顶端与眼睛恰好在一条直线上时,因为人所在直线 AB 与标杆、旗杆都平行,过眼睛所在点 A 作旗杆 DC 的垂线交旗杆 DC 于 N,交标杆 EF 于 M,于是得 $\triangle AEM \backsim \triangle ACN$。

具体操作:选一名同学作为观测者,在观测者与旗杆之间的地面上直立一根高度适当的标杆。观测者适当调整自己所处的位置,使旗杆的顶部、标杆的顶端、观测者的眼睛恰好在一条直线上。

需测量的数据:观测者的眼睛到地面的距离 AB、观测者的脚到标杆底部的距离 FB 和到旗杆底部的距离 BD、标杆的高 EF。

计算方法:可以得出 $\triangle AME \backsim \triangle ANC$,列出比例式 $\dfrac{AM}{AN} = \dfrac{ME}{CN}$,可得

$CN = \dfrac{AN \cdot ME}{AM}$,再用 $CN + DN$ 即求出旗杆的高度。

优点:无需阳光;有关数据易测量;测量工具简单。

缺点:需要工具;要求标杆与地面垂直"三点一线"。

3.活动 3:利用镜子反射

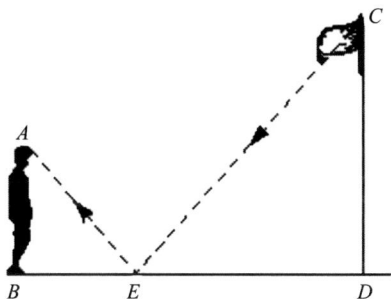

图 3-3-3 利用镜子反射

实验原理:根据光线反射的入射角等于反射角,得到 $\triangle ABE \backsim \triangle CDE$。

具体操作:小组选一名同学作为观测者,在观测者与旗杆之间的地面上平放一面镜子,在镜子上做一个标记。观测者看着镜子来回移动,直至看到旗杆顶端在镜子中的像与镜子上的标记重合。

需测量的数据:观测者的身高 AB、观测者的脚到镜子的距离 BE 和镜子到旗杆底部的距离 ED。

计算方法:

根据 $\triangle ABE \backsim \triangle CDE$,列出比例式 $\dfrac{AB}{CD} = \dfrac{BE}{ED}$,可得 $CD = \dfrac{AB \cdot DE}{BE}$。

优点:需要工具少且容易计量;计算较简单。

缺点:镜子需要水平放置;旗杆前无障碍物。

4.活动 4:利用锐角三角函数

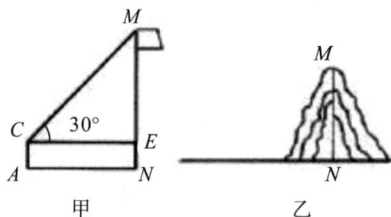

图 3-3-4　利用锐角三角函数

实验原理:构建直角三角形,解直角三角形。

具体操作:

(1)测点 A 处安置测倾器,测得旗杆顶部 M 的仰角 $\angle MCE = 30°$;

(2)量出测点 A 到旗杆底部 N 的水平距离 AN;

(3)量出测倾器的高度 AC。

需测量的数据:A 到旗杆底部 N 的水平距离 AN,$\angle MCE$ 及测倾器的高度 AC。

计算方法:在 $\text{Rt} \triangle MCE$ 中,$ME = CE \tan 30°$,$ME + AC$ 即为旗杆的高度。

在测量旗杆高度的实践活动中,很多孩子都有意想不到之感,这校园中平常熟悉到连理都不爱理的旗杆,竟然成为他们上课的素材。在这次活动前,对于测量旗杆高度,更多人想的是拿一根绳子绑在顶端,然后再测量绳子的长度,没有想到,只要用一个简单的仪器,就可以轻松测出旗杆的高度,一股对科学的敬佩之感油然而生。

活动中,学生的显性收获是学会了如何测量旗杆的高度,如何构建相似三角形,如何构建直角三角形,将相似三角形、直角三角形等有关知识体系进行一定程度的梳理;隐性收获是体验到哪些方法可行,哪些方法不可行,哪些方法较容易操作,得出的结果比较精确,从而获得构建几何模型解决实际问题的方法与经验。通过教学设计很明显能够看出,地理知识依托数学原理,实现测量的可操作性,体现了学科间的有机融合,平时抽象的数学知识,居然在地理课上发挥了如此重要的作用。学生在此过程中不仅学会了测量旗杆高度,还复习巩固了三角形和比例的相关知识,真是一举多得。在具身环境中,学生们通过动手操作、实际体验、人际合作,将知识通过身体感知纳入脑海,其效果持久有效。经过简单的测绘实操,学生们很快就明白了如何去测量更复杂的物体,因为原理相通,为接下来的地图绘制打下了良好的基础。

第四节　地图不难懂,测绘来帮忙

要进行测绘活动,必须事先掌握地图的概念。读图、识图是学生在学习地理时的一个槛儿,地图和地形图以其高度抽象性成为地理学习的难点之一,令学生感到费解,最初的表现是,根本看不懂。地理课内对这一难点的突破,通常采用案例教学法,比如拿出图幅大小相同的小比例尺中国政区图和大比例尺福州市政区图,设置情境问题,通过比较分析认识比例尺的大小与图中内容详略的关系、比例尺的表示方式、利用比例尺换算两地间的距离,以及方向的判定和图例注记的判读。尽管教师使劲地比划讲解提问互动,但有相当部分学生还是一知半解。在讲测绘之前,我们进行了地图编制和地形图测绘的概念教学,为后面的测绘活动打下了知识和技能基础。

【案例】

"地图编制和地形图测绘"教学设计

一、教学目标

(1)掌握地图及地形图的基本概念、基本知识,掌握地图投影、地图编制的一般知识。

(2)学习地形测图的原理和方法。

二、教学重点

(1)基本概念:地形图、比例尺、地图分幅、等高线、地图投影、地图数字化、地图编制等。

(2)基本技能:经纬仪测图的方法、数字测图的方法。

三、课时安排

2课时。

四、教学内容

(一)地形图的概念

凡是图上既表示出道路、河流、居民地等一系列固定物体的平面位置,又表示出地面各种高低起伏形态,并经过综合取舍,按比例缩小后用规定的符号、按一定的表示方法描绘在图纸上的正形投影图,都可称为地形图。

所谓正形投影就是将地面点沿铅垂线方向投影到投影面上,并保持投影前后图形的角度保持不变。

在较大的区域范围内,需要顾及地球曲率的影响时,采用专门的投影方法而绘制的地形图称为地图。当地形图中忽略高程信息时,则成为平面图。地形图与地图是有差别的,通常地形图的比例尺较大,所反映的地表形态和地物都比较详细,而地图比例尺较小,要考虑地球曲率的影响,所表示的内容较少、综合取舍程度大。过去由于技术条件的限制,地形图通常指线划地形图;现在由于数字测绘技术尤其是数字摄影测量技术的发展,可以采用数字线划图、正射影像图、数字高程模型以及它们之间的组合来表示地表形态。

地图的表现形式不仅仅是传统的纸质地图,还可以是数字形式的、基于地图数据库技术的,并能在计算机屏幕上进行浏览、放大、缩小、传输、拷贝等操作的电子地图,也称数字地图。电子地图是一种数字化了的地图,它可以存放在数字存储介质上、显示在计算机屏幕上,也可以随时打印输出到纸面上,显示的内容是动态、可调整的、能由使用者交互式地操作。电子地图大多连接属性数据库,或者连接多媒体信息,能作查询、计算、统计和分析。电子地图图形不限于二维矢量图形,可利用先进的计算机图形技术和动画技术反映多维地图信息,如图 3-4-1 所示。

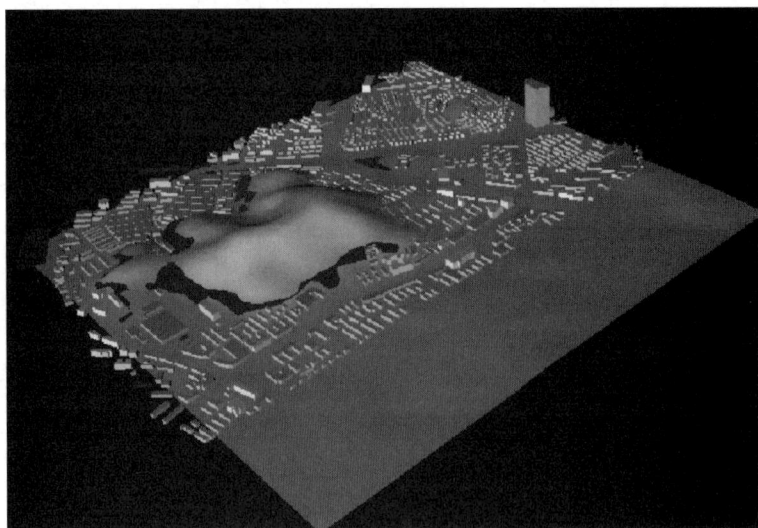

图 3-4-1 电子地图

(二)比例尺及比例尺精度

地球表面上的各种地物不可能按真实的大小描绘在图纸上,通常总是将实地尺寸按一定的倍数缩小后来描绘。地图上直线的长度与地面上相应距离的水平投影长度之比,称为地图的比例尺。通常用分子为一的分数来表示,也可以用文字式和图解式表示。

设图上某一直线的长度为 l,地面相应线段的实际水平长度为 L,则该图的比例尺为:

$$\frac{1}{M} = \frac{l}{L}$$

其中,分母 M 就是缩小倍数。M 越大,比例尺越小;M 越小,比例尺越大。根据我国基本地形图比例尺大小的不同,可将地形图比例尺分成大、中、小三种比例尺(见表 3-4-1)。

表 3-4-1 我国基本地形图比例尺分类

比例尺	基本比例尺系列
大比例尺	1∶500,1∶1000,1∶2000,1∶5000,1∶10 000
中比例尺	1∶25 000,1∶50 000,1∶100 000
小比例尺	1∶200 000,1∶250 000 1∶500 000,1∶1 000 000

不同比例尺的地形图,其精度和详细程度也不相同,因而有不同的用处。例如,大比例尺地形图通常用于土地资源详查、土地规划、城市规划、市政工程建设的设计和施工等。

在测量工作中,称图上 0.1 毫米的实地水平距离为比例尺的精度。例如 1∶500、1∶2000 比例尺地形图的比例尺精度分别为 0.05 米、0.2 米。在测绘相应比例尺地形图时,测量距离的精度只要分别精确到 0.05 米、0.2 米就可以。

(三)大比例尺地形图传统测绘方法

1.碎部点的测绘方法

所谓碎部点就是地物、地貌的特征点,如房角、道路交叉点、山顶、鞍部等。大比例尺地形图测绘过程是先测定碎部点的平面位置与高程,然后根据碎部点对照实地情况,以相应的符号在图上描绘地物、地貌。测量碎部点时,可以根据实际的地形情况、使用的仪器和工具选择不同的测量方法。碎部点的测量方法有极坐标法、方向交会法、距离交会法等。

(1)极坐标法

极坐标法是根据测站点上的一个已知方向,测定已知方向与所求点方向的角度和量测测站至所求点的距离,以确定所求点位置的一种方法。

如图 3-4-2 所示,设 A、B 为地面上的两个已知点,欲测定碎部点(房角点)1,2,…,n 的坐标,可以将仪器安置在 A 点,以 AB 方向作为零方向,观测水平角 β_1,β_2,…,β_n,测定距离 S_1,S_2,…,S_n,即可利用前方交会极坐标计算公式计算碎部点 $i(i=1,2,\cdots,n)$ 的坐标。

测图时,可按碎部点坐标直接展绘在测图纸上,也可根据水平角和水平距离用图解法将碎部点直接展绘在图纸上。

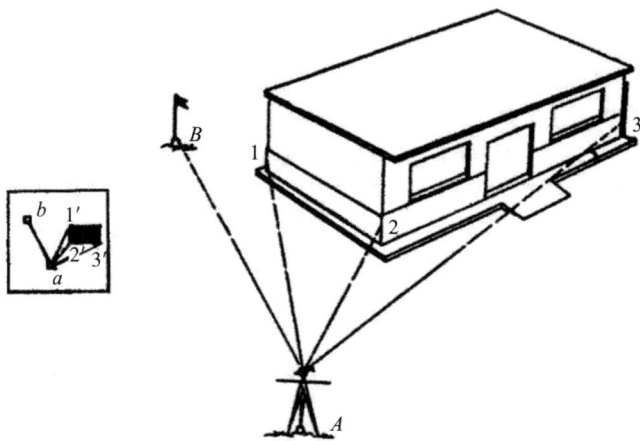

图 3-4-2 极坐标法

当待测点与碎部点之间的距离便于测量时,通常采用极坐标法。极坐标法是一种非常灵活的也是最主要的测绘碎部点的方法。例如采用经纬仪、平板仪测图时常采用极坐标法。极坐标法测定碎部点时,适用于通视良好的开阔地区。碎部点的位置都是独立测定的,因此不会产生误差积累。

值得一提的是,由于全站仪的普及,它也可用于测定碎部点,这实际上也是极坐标法,不同的是它可以直接测定并显示碎部点的坐标和高程,极大提高了碎部点的测量速度和精度,在大比例尺数字测图中被广泛采用。

(2)方向交会法

方向交会法又称角度交会法,是分别在两个已知测点上对同一碎部点进行方向交会以确定碎部点位置的一种方法。如图(3-4-3(a))所示,A、B 为已知点,为测定河流对岸的电杆1、2,在 A 点测定水平角 α_1、α_2,在 B 点测定水平角 β_1、β_2,利用前方交会极坐标公式计算1、2点的坐标。也可以利用图解法,根据观测的水平角或方向线在图上交会出1、2点,如图(3-4-4(b))所示。

方向交会常用于测绘目标明显、距离较远、易于瞄准的碎部点,如电杆、水塔、烟囱等地物。

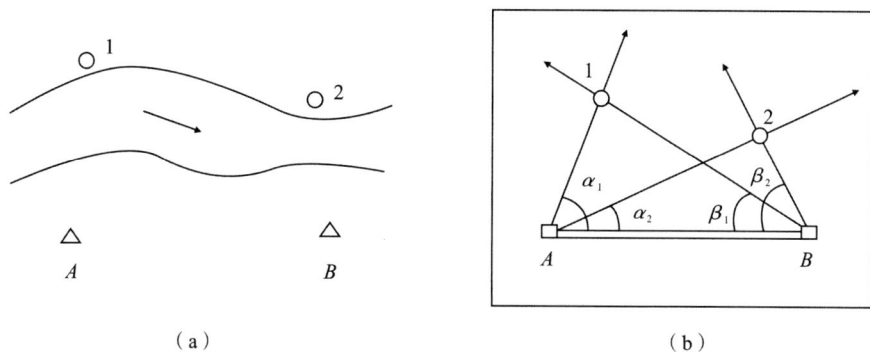

（a）

（b）

图 3-4-3 方向交会法

（3）距离交会法

距离交会法是测量两已知点到碎部点的距离来确定碎部点位置的一种方法。如图 3-4-4(a)所示，A、B 为已知点，P 为测定碎部点，测量距离 S_1、S_2 后，利用距离交会极坐标公式计算 P 点坐标。也可以利用图解法，用圆规根据测量水平距离，在图上交会碎部点，如图 3-4-4(b)所示。

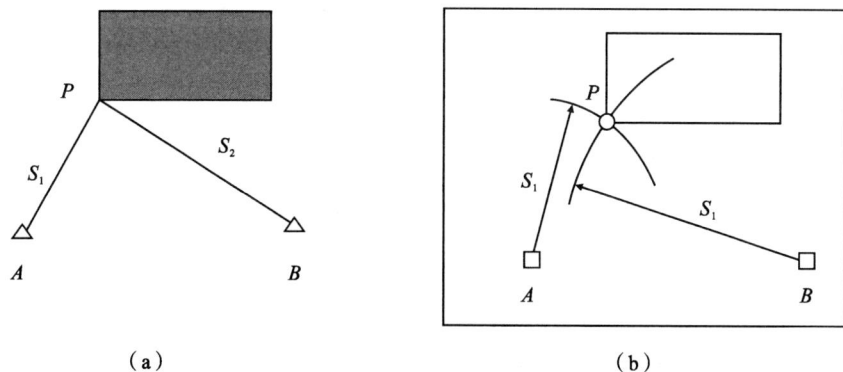

（a）

（b）

图 3-4-4 距离交会法

当碎部点到已知点（困难地区也可以为已测的碎部点）的距离不超过一尺段，地势比较平坦且便于量距时，可采用距离交会的方法测绘碎部点。如城市大比例地形图测绘、地籍测量时，常采用这种方法。

碎部点的高程可以根据三角高程测量的方法测定，城市地区可以用水准测量的方法测定。

2.数字化测图

数字测图系统(digital surveying and mapping)是以计算机为核心，在外连输入输出设备硬、软件的支持下,对地理空间数据进行采集、输入、成图、输出、管理的测绘系统。

数字化测图系统包括硬件和软件两大部分(图3-4-5)。硬件的配置与数字化测图的作业模式有关,主要包括全站仪、数据记录器(电子手簿)、计算机主机(便携机或台式机)、绘图仪、打印机、数字化仪、扫描仪、立体坐标量测仪、解析测图仪以及其他输入输出设备。软件是数字测图系统的关键。一个完整的数字测图系统应具有:数据采集、数据输入、数据处理、成图、图形编辑与修改以及图形输出等功能。

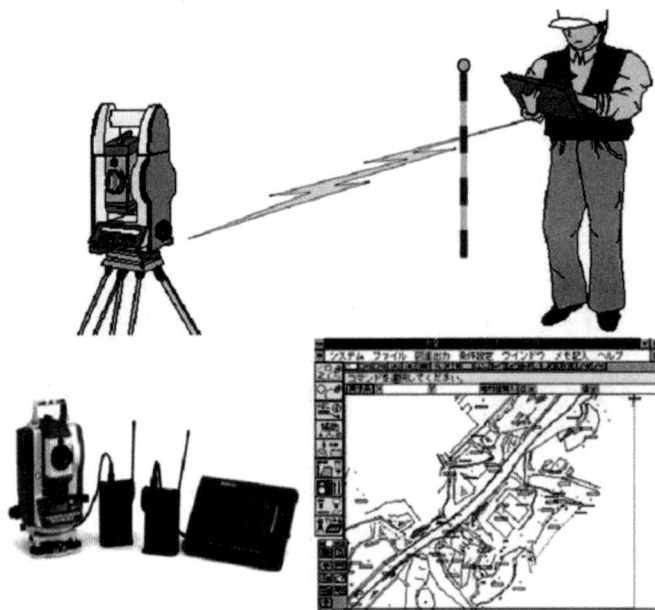

图 3-4-5　数字化测图

3.数字化测图的作业模式与过程

数字化测图软件是软件设计者根据不同的测绘仪器设备所设计的。不同的数字测图软件所支持的作业模式不尽相同。目前国内较流行的数字测图软件所支持的作业模式大致有如下几种:全站仪+电子手簿测图模式;电子平板测图模式;普通经纬仪+电子手簿测图模式;平板仪测图+数字化仪测图模式;对已有地形图数字化成图模式;航测像片量测成图模式;镜站遥控电子平板测图模式。

数字化测图的作业过程与作业模式、数据采集方法、使用的软件等不同而有很大的区别。目前以全站仪+电子手簿测图模式(测记式)和电子平板测图模式最为普遍。电子平板测图模式与传统的测图模式作业过程相似,而测记式数字测图的作业模式的基本作业过程为:资料准备、控制测量、测图准备、野外数据采集、数据传输、数据处理、图形编辑、内业绘图、检查验收。

用全站仪进行数字测图时,可以采用图根导线与碎部点测量同时作业的"一步测量法",即在一个测站上,先测导线的数据,接着就测碎部点。这种方法的特点是安置一轮仪器、少跑一轮路,大大提高外业测量效率。

4.碎部点数据结构

数字测图时,由计算机软件根据采集的碎部点的信息自动处理绘出地形图,因此,所采集的碎部点信息必须包括 3 类信息:位置、属性信息、连接信息。碎部点的位置用(X、Y、Z)三维坐标表示,并标明点号,属性信息用地形编码表示,连接信息用连接点点号和连接线型表示。

地形编码的方法很多,如拼音编码、变长编码、三位、四位、五位数字编码等。表 3-4-2 给出了编码表示意。

表 3-4-2 编码表示意

地物类	地物名	三位数字编码	GB14804-93	GB/T15660-1995
测量控制点	三角点	101	111	1100
	埋石导线点	106	115	1600
居民地	一般房屋	201	211	2110
	地面上窑洞	207	221	2410
道路及附属设施	窄轨铁路	503	413	4140
	内部道路	648	444	4350
管线栅垣	地面上通信线	609	521	5210
	地下检修井(上水)	618	5321	无

第五节 化繁为简,绘图之道

虽然读图、识图对初中学生来说是一个难点,但通过测绘实践来加深对地图的看法和理解,强化其读图、识图的能力,孩子们基本能够达成共识的是:地图是一种直观简化的标识,用关键信息来表示地形地貌特征。实际上,测绘就是一个化繁为简的过程,去掉了不必要的信息,便于我们进行观察和研究。从绘图的角度来理解地图后,学生们仿佛不再惧怕地图,反而跃跃欲试,想看看自己画出来的地图会是什么样子的。

地图怎么来的呢?如何测绘呢?以此为初衷我们在省级课题"基于地理实践力培养的中学生校园测绘活动研究"基础上,开设了测绘实践课程,从简单易操作的森林罗盘仪入手,邀请专家现场指导利用森林罗盘仪进行室外测量的简单方法,学习了磁方位角测定、利用皮尺进行水平距离测定等技能。在学习了测绘相关知识后,我们将通过学生的实践课程,有步骤地进行校园平面图的绘制。首先我以校内喷泉的测绘为例,说明"测绘实践活动"的过程。校内喷泉测绘实践活动呈现的是在校园里进行测绘活动的一个情境。在教学时,通过让学生测绘校园内喷泉来进一步感受体会地图的意义。通过自己动手测绘,学生将经历从实际情境中抽象出地图的形成过程,进一步体会地图与现实世界的密切联系。通过活动加深对地图的认识,并能进行局部区域简单地测绘地图。

校园平面图的绘制的测绘活动与室内课堂不同的是,测绘活动完全交给了学生,由学生主持,再由学生完成全过程,老师只在旁观察和简单指导,最后登场总结。这样做充分发挥了学生自主探索的积极性,发挥学生的主体作用和教学的主导作用,引入了新课程的教学理念。通过校园活动的真实情境,激发学生浓厚的学习兴趣和探究欲望,同时,通过动手操作活动,让学生获取新知,让学生自主探索。活动过程中注意引导学生进行讨论交流,通过"估一估、量一量、画一画、说一说"等实践活动,体验测量测绘,进一步发展了学生的空间观念和动手操作能力,让学生尝试主动获取新知喜悦,这样的教学,便于学生运用"自主、合作、探究"的学习方式,可以使理解深刻、记忆深刻。

【案例】

利用森林罗盘仪测绘地理园的圆形喷泉平面图

在这个测绘活动环节中,我们的学生分别来自十六中和时代中学,组成3个团队,孩子们利用森林罗盘仪测绘地理园的圆形喷泉平面图,展示大家的测绘技能。

一、教学目标

(1)通过课程前期学习,掌握测绘、地球地图的基本知识,学会文献检索及获取信息与应用的能力。

(2)小组合作利用森林罗盘仪体验校园实地测绘,提升团队协作、测绘实践能力。

(3)分析总结测绘过程,学会解决问题,总结经验及成果汇报的能力。

(4)通过校园测绘,普及测绘知识,升华对校园的热爱情感。

二、教学重点

(1)利用森林罗盘仪进行局部区域实地测绘。

(2)对测绘过程进行汇报总结。

三、教学难点

(1)地图比例尺的确定。

(2)解决实际测绘的突出问题。

四、教学方法

(1)小组合作实践法。

(2)综合分析法。

五、学习过程

这堂实践课的过程大致分为5个步骤:

步骤一:学生分组安装架设测绘仪器(5分钟)

(1)三个小组分别安装架设测绘仪器,完成后团长举手示意并汇报架设情况,请1位学生解说安装具体操作步骤,其他同学可进行适当补充。

(2)教师对该环节进行评价(时间控制、小组合作、架设情况)

步骤二:各小组估算确定比例尺(5分钟)

(1)三个小组各自通过量算确定比例尺大小,完成后团长举手示意并汇报比例尺大小,请1个学生说明比例尺、确定方法,其他小组也可说明各自测量比例尺的方法。

(2)教师对该环节进行评价。

步骤三:学生分组实地测绘(20分钟)

三个小组各自分工合作利用森林罗盘仪实地测绘圆形喷泉,完成后团长举手示意。(教师现场指导)

步骤四:学生分组展示成果并交流感想(8分钟)

三个小组分别派代表上台进行成果汇报。(小组成员具体分工、测绘过程出现的问题、通过测绘课程学习的感想收获等)

步骤五:指导带队教师总结(5分钟)

老师总结测绘课程开展过程中带队的所思所想,以及今后发展方向。

分团队进行测绘活动,不仅考验个人的技术,还依赖团队的配合。由于对森林罗盘仪操作的不熟悉,以及团队内成员的默契度不足,测绘一开始便如我所料,出现了手忙脚乱的情况。但是随着测绘活动的继续开展,学生们在活动中通过讨论和尝试,逐渐形成合理的分工与合作,最后在教师的指导下,总算是完成了喷泉平面图的绘制。虽然整体效果看有些粗糙,但对于这些孩子来说,能完整操作下来已经是一件非常了不起的事。

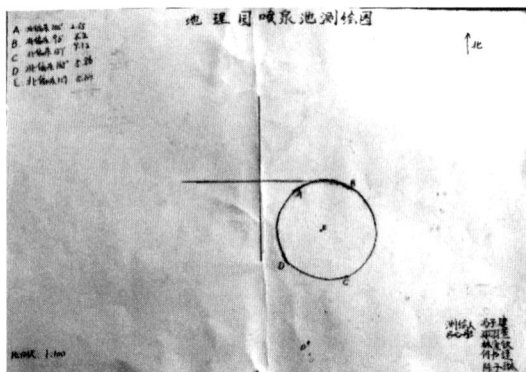

图 3-5-1　学生测绘成果

表 3-5-1　《应用森林罗盘仪测绘活动》评价表

项目	评价要点	一团	二团	三团
1.测绘用时(15分)	架设仪器、确定比例尺、实地测绘各环节技能熟练程度,用时情况			
2.仪器保护(5分)	在测绘过程中,正确使用并保护好仪器			
3.测量精确度(15分)	测量所得数据与实际的吻合情况			
4.地图科学性(15分)	地图的完整度,包含图名、地图基本要素等			
5.地图美观性(15分)	整幅地图布局合理美观度			
6.团队分工合作(15分)	团队分工合理,互相合作默契			
7.成果汇报(20分)	成果汇报时,表达清晰、大方,内容呈现问题及解决方案			
总分(100分)				

这次测绘活动用实践巩固了前阶段学习测绘相关的概念、理论,了解仪器、学会操作等基本知识和技能,也让学生体会了整个测绘的过程发现问题解决问题的辛酸苦乐以及获得成功的体验。依托"生本"教学的理念,在室外进行活动,突破传统教学,采用了小组合作、共同探究、小组竞争的形式,从学生熟悉的校园出发,学生获得了有效参与的机遇,为学生提供合作与交流、积极参与的宽松环境和机会,也为学生准备了充足的测绘工具,满足每位学生测绘需求;同时也为学生创设一个便于交流的情境,鼓励学生表达自己的想法和接受他人的思想;以现实生活为基点,激发学生的求知欲望。精心设计,为学生提供观察操作的机会,学生在动手操作的实践活动中,把抽象的地图知识变成活生生的活动过程,它不仅有利于充分调动学生的学习积极性,同时还有利于学生在学习中获得积极的情感体验。值得一提的是评价环节,传统的教学评价多以考试成绩为主,但这节课的评价是从整个测绘实践的过程出发,采用小组互评的方式开展,旨在了解学习和实操的完成情况以及完成效果。在小组讨论如何给分的同时,学生们也在反思自己的优势和不足,对下一次的测绘活动产生指导意义。评价过程再也看不到考试焦虑,取而代之的是更理性的思考和轻松愉快的氛围。

经过多次这样的测绘实践过程后,校园平面图就能够完整地呈现出来,让我们拭目以待。

第六节　以地理视角,寻校园之美

优美的校园环境能够带给师生舒适的体验,从而激发师生的爱校之情。从美学的角度讲,美轮美奂的校舍、合理的结构布局、朗朗读书声都能够展示校园的美。然而,校园是学生再熟悉不过的地方了,每天习惯了这样的环境,也难免会产生审美疲劳。让我没有想到的是,校园测绘活动用全新的视角展现了校园的美,一次大胆的尝试在校园里种下了一朵别样的花。这可能就是"循道"后的收获,就像我在本书第一章所说,很多结果其实是遵循规律后的必然,过程对了,结果自然就对了,这是天地的馈赠。

在正式开始绘制校园平面图之前,我们已经做了充分的准备,学习了如何使用森林罗盘仪进行测绘以及地图和校园平面图绘制等相关知识,也动手做了一些简单的测量,学生们已经迫不及待地想看看自己画出的校园会是什么样子的。这可跟平时的写生不一样,测绘带有地理属性,可不是单纯对外观进行描绘,在学生眼里,它的"含金量"比较高。

我们利用多个中午午休的时间对校园进行测绘,虽然忙碌,但孩子们兴致勃勃。虽然有前面的知识基础,但绘制校园平面图可不是几种地物要素的简单集合,还要考虑的是这些要素所在的方位、位置以及它们之间的距离。所以,在最后绘制出校园平面图之前,还要掌握的是地物位置的确定和用森林罗盘仪测定水平距离。

为了激发学生的兴趣和力求完美的良性竞争心态,校园平面图的绘制活动,我们仍然采用分组和评奖的方式进行。这一次的实践活动,希望通过让学生自己动手绘制简单的学校平面图,让学生进一步了解地图三要素比例尺、方向和图例,提升读图、识图能力,同时也培养他们小组合作和沟通能力。

简单的校园平面图包含几个主要的地物要素:建筑物、运动场、绿地等。学生们所要做的是按照绘制地图的要求,确定这些要素的位置、方位等,并按照一定的比例尺,将他们以平面的方式投射到纸上。最后,他们还将用图例和文字等方式,对平面图进行正确标注和美化。

【案例】

绘制校园平面图

一、教学目标

(1)引导学生团队协作自主安排校园测绘任务,理解地图三要素并学会应用;

(2)分小组自主选择测绘方法并分工合作;

(3)指导学生自主进行分块测绘;协调并指导学生发现问题、解决问题;

(4)引导学生组内评价、组间评价,调整测绘速度及校对能力;

(5)指导学生进行校园平面图整饰,提高审美情趣,增强热爱校园的情感。

二、教学重点、难点

如何在平面图反映出地图三要素,如何确定比例尺。

三、教学准备

多媒体课件、课前印发给学生的任务表格、测绘作图工具、六份合适奖品、事先测得的绘图数据。

四、测绘方法

(1)校园平面图简易测绘方法。

(2)校园平面图野外实测法。

(3)校园平面图根据卫星图像数字化法。

五、课时安排

2 课时。

六、学习过程

这里介绍两种测绘方法:

(一)校园平面图野外实测法

1.方案设计:

(1)了解要测绘的校园的大概范围,根据图纸的大小确定绘图比例尺。

(2)确定需要测绘的主要地物要素(建筑物、运动场、绿地等)与方法。

(3)人员分工方案。

(4)测绘的时间安排。

(5)野外分组测量、计算、记录数据,并绘制平面图。

2.了解校园大概范围与主要地物方法

通过在线电子地图测量天地图 http://map.tianditu.com/map/index.html;工具→测距,如图 3-6-1 所示。

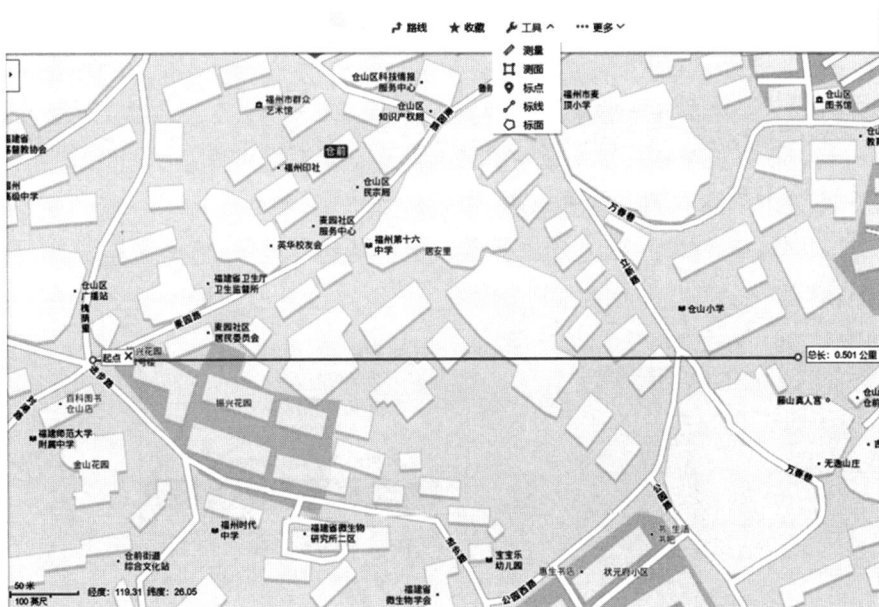

图 3-6-1 在线电子地图测量天地图

3.确定比例尺

确定比例尺对于初中学生参与测绘是一个有挑战又很有意义的步骤。

孩子们要明白比例尺的地理意义，要知道比例尺确定合理才能将测量的具体事物按照一定比例缩小绘制在相应大小的图纸上。如图 3-6-2 确定比例尺所示，我们已知将要绘制的校园范围大小长 550 m、宽 400 m，测算该校园测绘图将绘制在 A4 或 A3 大小的图纸上的比例尺。A4 纸长 29.7 cm 宽21 cm，测算办法是将校园的长度除以 A4 纸的长度，校园的宽度除以 A4纸的宽度，A3 纸也是用同样的办法。计算结果如图所示 A4 纸的比例尺可取 1：2000，A3 纸的比例尺可取 1：1500．

长550m、宽400m   A4大小：21cm×29.7cm
　　　　　　　　　A3大小：宽29.7cm×42cm

A4大小：550/0.28=1964；400/0.19=2105，可取2000
A3大小：550/0.40=1375；400/0.28=1428，可取1500

图 3-6-2　确定比例尺

4.地物位置的确定

步骤如下：

(1)确定基准点与基准方向。

(2)基准点可选相对开阔的地面点，画上标记，作为测站点。在图纸上的大概位置点出该点。

(3)可以磁北作为标准北方向。

(4)根据极坐标法确定地物特征点位置＋角度＋距离。

5.森林罗盘仪测定水平距离

如图 3-6-3 所示，采用视距测量。先读取视距间距，再读取竖直角，然后利用图示公式计算距离。同时要注意森林罗盘仪的常数。

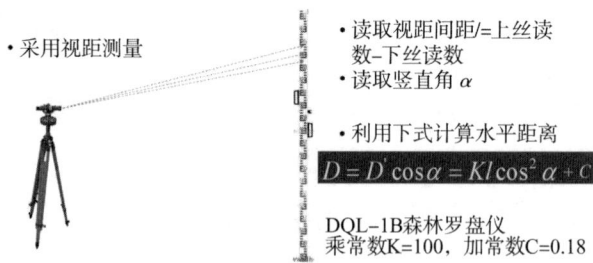

· 采用视距测量

· 读取视距间距/=上丝读数－下丝读数
· 读取竖直角 α
· 利用下式计算水平距离

$$D = D'\cos\alpha = Kl\cos^2\alpha + c$$

DQL-1B森林罗盘仪
乘常数K=100，加常数C=0.18

图 3-6-3　森林罗盘仪测定水平距离

6.典型地理要素的测绘方法

测绘时比较经常遇到长方形、圆形、多边形等地物。以长方形为例，测绘方法如图 3-6-4 所示，分三步：第一，确定三个点的位置；第二，确定地物长或宽两个点的位置,加上另一条边的长度;第三,确定一个点的位置,一条边的方向与长度,加上另一条边的长度。

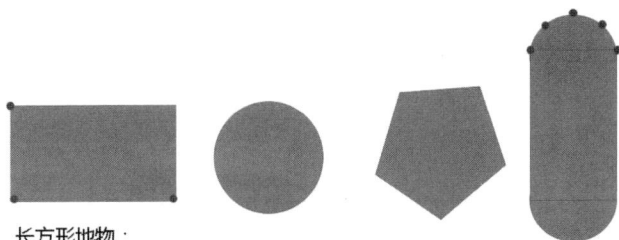

长方形地物:
确定三个点的位置
确定地物长或宽两个点的位置+另一条边的长度
确定一个点的位置,一条边的方向与长度+另一条边的长度。

图 3-6-4 典型地理要素的测绘方法

7.数据的记录、计算

数据的记录、计算如图 3-6-5 所示。

·设计相应的记录表格(视距测量记录表格等)

点号	上丝读数 下丝读数 尺间距	竖直角	水平距离	方位角	备注
1	1.845 0.960 0.885	3°32′	88.16		
2	2.165 0.635 1.535	-7°24	150.46		
3	1.880 1.242 0.638	2°42′	63.66		
4	2.875 1.120 1.755	-3°18′	174.81		

$$D = D'\cos\alpha = Kl\cos^2\alpha + C$$

DQL-1B型森林罗盘仪
乘常数K=100,加常数C=0.18

图 3-6-5 数据的记录、计算

8.绘制图

绘制图示意见图 3-6-6,若一个测站无法全部测完,可利用前一个测站,测出新的测站点,见图 3-6-7。

绘图   114°   00分 75.7m

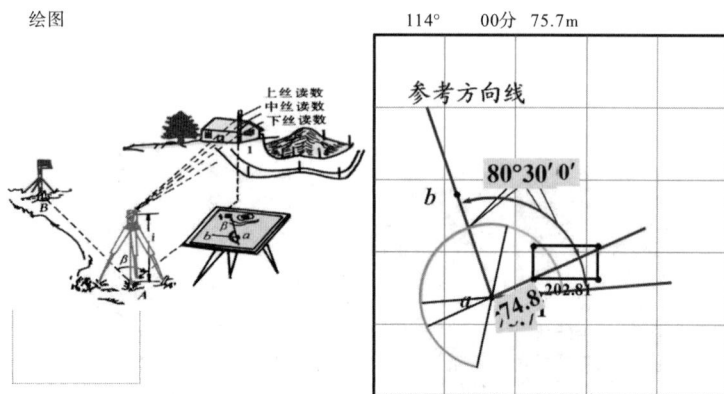

图 3-6-6   绘制图

如果一个测站点无法把整个校园或者小区域全部测完，可利用一个测站点测出新的测站点。

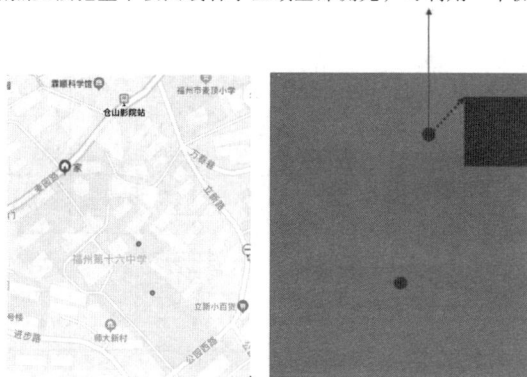

图 3-6-7   利用前一个测站测出新的测站点

9.平面图装饰

(1)用设计的图例对应的符号、颜色、图案等修饰各种地物；

(2)标注上图名、比例尺、指北针、绘图单位与绘图日期等信息；

(3)检查图面地物的大小、相对关系是否与实际相符。

图 3-6-8   获取卫星影像

（二）根据卫星图像的校园平面图测绘法

（1）获取卫星影像。

（2）根据卫星影像在 Word 中绘制平面要素。

（3）打印出平面图，测量图上距离与实地距离，确定并绘制比例尺。

（三）仪器设备推荐

DQL-12Z 正像森林罗盘仪（含脚架）、50 m 皮尺（钢尺）、3 m 或 5 m 水准尺（铝合金塔尺）、花秆、绘图平板（含脚架）。

其他辅助材料：绘图量角器、三角板、直尺、大头针、铅笔、绘图纸、胶带等。

在忙忙碌碌中，整个校园测绘实践活动接近尾声，除了对学生地理实践力的培养外，让我感触良多的是课程以外的东西，让我发现了别样的美。

最直观的，是校园之美。每天忙碌在校园中，从没有好好地去观察这个熟悉又陌生的地方，然而在学生绘制的校园平面图中，我从另一个视角发现了校园的美。依据功能和地形地势特点建造的教学楼、操场，分布在合适的位置上，加上点睛之笔的绿化，点燃了整个校园的生机。我想，这就是所谓的和谐吧，天时地利的妙搭，人物关系和人地关系的平衡。从美术视角上升到天地视角，我看到了更大的美，此时，我眼中的校园便不仅仅只限于眼前所见，心已遨游于天地间，感受到眼界和格局的变化。

最直接的，我想是收获之美。首先我们收获的是最终的成果：一张校园平面图（见图 3-6-9）。虽说不是什么高大上的成果，但这是孩子们用自己的汗水和心血换来的，是他们辛苦劳动所得，这样的成果，美不胜收。时代中学初二学生马慧凌在她的感想中写道："印象最深的，便是测那个奇形怪状的鱼池时，图纸上密密麻麻凑在一起的点，和在两岸来回穿梭的、早已湿透的卷尺。"可见，孩子们是用心在学习，最后她还说道："测绘的过程漫长也艰难，有时甚至乏味，但如今想想，每周校园中那些认真测量的我们，一定也是一道不错的风景线。"过程虽然辛苦，但苦尽甘来，这样的回忆才是最深刻的。

通过活动收获知识和技能的提升是最显而易见的。很多孩子在感想中都提到了这点。

"通过实践，我们真正学到了很多实实在在的东西，比如对测量仪器的操作、整平更加熟练，学会了数字化地形图的绘制和碎部点的测量等课堂上无法做到的东西，很大程度上提高了动手和动脑的能力。"

"学校开设的这个地理室外测量实践活动兴趣小组,不仅让我们学到相关的地理和测绘方面的知识,拓展了视野,把理论与实践紧密结合……""我们现在已经能够熟练掌握各种测量仪器的使用,测量主席台、旗杆甚至是教学楼和校园的道路,都已不在话下了。"

更有甚者还肯定了本次测绘活动的优点:

"课堂的教学,往往是片面的,由于课时量少,知识传授量大,经常无视测量能力的存在,以致学生无法真正运用地理知识,产生了'填鸭式'教育,学生的地理测量实践能力沦为空谈。如今开设地理室外测量活动符合现今信息时代对人才的要求,又可以利用学生课外时间,巩固课内知识,拓展知识面,提高实践技术能力,从而达到地理教学的真正目的,不让学生局限于课本之中,走出课堂,投入室外测量既具有理论意义也具有实践意义。""地理室外测量实践活动,使我们对地理以及测绘实践产生了浓厚的兴趣。我认识到,光学习课本上的知识还不够,很多知识需要我们亲身去经历,去体验和操作,只有从实践中收获的知识才弥足珍贵,而且可以受益终身。""地理室外实践测量活动有利于学生自主学习能力,应多加开展该类活动,提高学生的知识素养,从而达到教育的真正目的。"

结果表明,课堂外的实践活动更能够激发学生的兴趣,并带给学生更多进步。孔子曰:"知之者不如好之者,好之者不如乐之者。"地理实践力培养的主体是学生,从学生兴趣出发。学生通过实践活动体会到学习的乐趣,变被动为主动。有人说,兴趣是最好的老师,果不其然,除了学到测绘技能之外,有些学生还打开了创新的大门。

"地理测绘技术的发展除了方式的变化,测绘工具也从手工、机械、光学,发展成为航测、遥感、激光、红外、电子等自动化仪器。设想未来,测绘简单到动动手指头,就能测出一个地方的方位、距离,那该多方便啊!"

在知识技能以外,更重要的是成长之美。认识和了解新事物,我们不仅仅要用到知识和技能,真正发挥作用的,还有很多非智力因素,如合作能力、观察能力、积极心态等。在实践活动中,学生们能够很好地运用和培养这些非智力因素。因为采用到专家指导和分组合作的方式,孩子们在整个过程中都体验到与人交往的快乐,也培养了团队精神。

> "测绘培养了小组成员交际、分工协作的能力,同时增进了同学之间的感情,深化了友谊。作为一个团队,每个人都应该付出努力,即使能做的事情无外乎跑跑腿,却也是极为重要的存在。在这个过程中难免会磕磕绊绊,闹得彼此不愉快,但我们能够及时地交流沟通,相互磨合。"

> "团队互相理解,互相帮助,互相讨论,终于在一次次的分析,找到了实践的方法……"

在感想中,孩子们多会提到他们的情绪变化,比如:

> "仅凭冷冰冰的文字,我并没有掌握很多具体知识,尤其是对仪器的使用更是一塌糊涂。记得第一天开始测量时心中还在发愁。但在实际操作中发现并没有想象的那么难。在实践中,一点点地提高了效率和精准度。"

> "这样复杂而又精密的测绘,我感到有些恐惧,也太难了吧!……老师指着我们绘出的'不规则图形',一点点分析我们出错的原因,啊! 豁然开朗,原来是这样,我们下定决心,一定要绘制出更准确、更标准的测绘图。地理测绘好像变得不那么难,反而有些趣味了。"

还有遇到困难、遇到挫折时的不放弃:

> "测量有时进行得顺利,有时却处处碰壁,难题也时常出现。我们想过多少次放弃,十个指头早已算不清,但我们还是坚持了下来。""第一次独立面对如此复杂的仪器,我们之前在课堂上的胸有成竹已经不知所踪,一个个显得手忙脚乱,在不停的尝试和摸索之后,我们终于对测量仪器有了进一步的了解,勉强读出了测量数据。"

从孩子们的感受中可以看出,通过实践活动来学习,除了得到学业上的提升外,更多的是思想和品格的成长。积极的行动是遇见未知我的良好途径,一次小小的尝试激荡起不小的浪花,意外收获了成长之美,至此,我深深体会到了循道地理的力量。

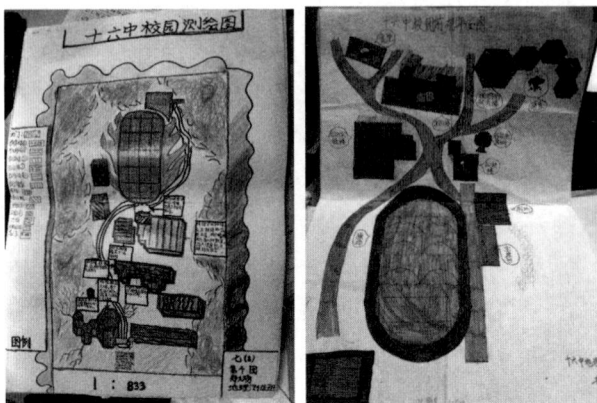

图 3-6-9　校园平面测绘学生成果展示

第四章

研学"循道"，行循自然

"循道地理"上下求索，最美学习在路上。学习本就是生活的产物，研学是学习的一个良好形式，研学实践"知行合一"。

笔者与学生带着研学任务，共同走过全国十大最美湿地之一"闽江河口湿地"，体验初探、走进、拥抱湿地的研学过程；共同探秘丹霞问道山水，开展地质科研和科普教育，观光游览感受泰宁地方风情、人物历史等鲜活的人、物、事；共同重走党群连心路——寿宁下党之路，置身于山势险峻的福建贫困山区，聆听习总书记"三进下党乡"披荆斩棘、一心为民的故事，被滴水穿石、久久为功的脱贫信念所感动。

第一节　最美的学习在路上

我热爱自然，循道的力量一直在推动我不断前行。在多年的教学实践中，我发现“学习对终身有用的地理”一直是我所追求的教学目标，课堂上，我通过精心的设计来达成，但是，对于地理学科，课堂终究有它的局限性。课外蕴藏着更丰富的教育资源，若是想让地理与生活无缝对接，那么还原地理课的自然生态，深入了解人文风情才是培养地理实践力的最优途径。

其实回顾我的经历，从课内到课外的转变一直也是本性使然，我的心本就在更广阔的天地间翱翔，怎会一直困于小小的教室中？教学本身，也仅是一时在课堂之内，最终还是要让孩子们走向社会，融入生活。再来看看地理学科，本就是研究自然和人文及其关系的一门科学，不接触自然，怎能体会人地关系？不回归自然，地理知识恐怕只能用来高谈阔论，少了点实用性。

道家学说提倡“复古”，有人说这是一种倒退，也有人认为这是追求无为而治。在本书中，我不想对理论之争多做论述。在我看来，老子提出的复古可以是解决问题的方法。现阶段遇到的困难，可以通过回顾历史来找到化解的方法，因为历史总是惊人的相似。回到事物最初的状态，看到事物存在的本意，或许就能够冲破迷雾，找到方向。随着教育的发展，读书考大学成为改变命运的捷径，“考个好大学，找个好工作，实现完美人生”成为大众的普遍追求，在这种思想的推动下，好成绩与美好人生便画上了等号，这必将导致教育生态的恶化。“办人民满意的教育”被一些大众曲解为升学率高的教育。部分百姓推崇高分教育，导致孩子们校内学、校外学、课内学、课外学，马不停蹄地刷题刷分，活泼乐观的青少年时期被繁重的学业淹没。我们对教育美好向往，结果并不如意。

学习本就是生活的产物，它起源于人类生存和发展的需要，所以学习首先应该是一种自发行为。没有远大目标，不能体现人生价值的学习，必定是乏味且徒劳。再者，学习源于生活，也用于生活，所以将学习融入生活实践是一种必然趋势。

研学是学习的一个良好形式，它强调以“研”的方式促进“学”，以真实情境导入问题,有趣味性和吸引力,能够激发学习的自觉性。跟随社会发展的脚步,国家各部门逐渐出台研学旅行相关纲要和政策。2013年2月2日《国民休闲旅游纲要》中提出要"逐步推行中小学生研学旅行"。2014年8月21日《关于促进旅游业改革发展的若干意见》中首次明确提出"研学旅行"要纳入中小学生日常教育范畴。2016年12月19日教育部等11部门《关于推进中小学生研学旅行的意见》中提道:"中小学生研学旅行是由教育部门和学校有计划地组织安排,通过集体旅行、集中食宿方式开展的研究性学习和旅行体验相结合的校外教育活动,是教育教学的重要内容,是综合实践育人的有效途径。"与其说这是一种进步,不如说这是教育回归的表现之一,其实在我国古代,研学旅行由来已久。古代的研学称为"游学",先秦时期,较为有名的诸子百家,包括老子、孔子等等,几乎都是游学的受益者,可以说没有他们游历四方的经历,就没有影响如此深远的思想巨著;司马迁把自己遍访各地的见闻感受编撰进《史记》;明代地理学家徐霞客一生中大部分时间都在旅行考察中度过……如此之例,数不胜数。近现代,"游"与"学"结合的学习方式仍然受到名家推崇。

在提倡核心素养的今天,研学旅行已经渐渐成为课堂教育的重要补充,大众的视野也从关注课内转移到课外。时代赋予研学旅行新的内涵,但它仍然强调学习的兴趣、过程和感受,与以往强调学习的结果不同,研学旅行是在过程中建构经验,通过在真实情境中探索和互动实现,形成个人独特的和团队共有的经验,这样的学习是体验性的、发散性的、主动的,不同的人,收获不同,尊重每个个体的需要和选择,而不是奔着一个统一的答案而去。

地理是一门综合性很强的科学,多数学者都认为研学旅行是培养地理核心素养的有效途径。丁运超认为,研学实践使地理课程"知行统一",让真实生活情境走进地理课堂,培养学生观察、实践、探究和研究能力[1]。其实研学旅行本身也是一项综合性很强的活动,在真实生活情境中,除了带着问题去学习外,还会遇到很多的矛盾和困难,需要用到个人的经验和智慧。在形式上,研学旅行采用集体食宿的方式进行,这就意味着在了解自然特点和人文风貌的同时,人与人的互动始终贯穿于整个学习过程。地点上,通常会在一个新的环境中进行学习,孩子们还面临一个适应的过程。

---

① 丁运超.地理核心素养与研学旅行[J].中学地理教学参考(上半月),2017(2):18-20.

研学旅行是门很有挑战性的实践活动,对学生和老师都具有很大的吸引力。

其实研学旅行和我的循道地理主张不谋而合。我关注课堂上的教学情境设计,关注课外实践教学,都是为了更好地提升学生的地理实践力,而研学旅行的提出,恰好帮助我更顺利地去研发课外地理课程。几年前我完成了"走进闽江河口湿地——培养中学生综合实践能力"的研究课题,让孩子们在湿地中进行观察和调查,他们在活动中的所见所闻激发起内心的环保意识,最后他们自发地用自己的方式为保护湿地做了宣传。作为带队老师的我,很明显地感受到孩子们在人与人、人与环境的互动中,增长了对他人、对社会的责任感,体会到学习地理的真正意义。这背后是"道"的力量。研学是一个寻道、悟道的过程,也是我"循道地理"的关键。

正是因为研学实践的神奇魅力,在国家大力支持的前提下,我又组织学生继续进行研学旅行活动,培养学生爱乡、爱国的社会责任感,树立正确的"三观",更好地弘扬社会主义核心价值观。

布鲁纳认为学习者在一定的问题情境中经历对学习材料的亲身体验和发展过程才是学习者最有价值的东西。研学实践正是这样一种学习方式,十分强调过程。这也就印证了道家的观点,过程才是人为可控的,而结果则是副产品。把握过程,不过于计较结果,才能使人生更有意义、更快乐,就像植物,只要给予它阳光、土壤和雨露,自然会开出鲜艳的花朵,教育的过程不也就是这样吗?

第二节 地球之肾,生命之源

湿地被称为"地球之肾",它对生态净化起到重要作用。地处福州闽江入海口的闽江河口湿地自然保护区是目前福建省最大的湿地,总面积 3129 公顷,它西起福州的侯官,一直到长乐的梅花镇,总面积 3129 公顷,其中包括 6 块面积超过 3000 亩的大片湿地,分别是鳝鱼滩、马杭洲及其毗邻的滩洲(道庆洲、草洲)、蝙蝠洲、浮岐洲、浦下洲、新垱洲等(见图 4-2-1)。

图 4-2-1 闽江河口湿地位置图

湿地是珍贵的自然资源,也是重要的生态系统。闽江河口湿地拥有丰富的野生动植物资源。在闽江河口段的湿地上,生长着禾本科、菊科、灯心草科等植物80多种,浮游生物100多种以及40多种鱼类、虾蟹、贝类资源。这些生物都有各自去除污染的功能,在消除闽江水质污染中发挥着重要作用。特别是生长在湿地的植物,很多种都有吸纳重金属的特性,比如淡水葫芦、咸草、灯芯草等,对降解污染起着非常的独特作用。闽江福州段流入的污水现在主要依靠湿地来净化,它相当于一个非常大的污水处理厂。闽江河口段水量充沛,是鱼、虾、蟹及贝类良好的生长及繁殖场所,湿地上芳草萋萋,鱼翔浅底。每年都有上千万只的越冬候鸟飞临此地栖息,朱鹮也一度停驻于此。

闽江河口湿地属近自然湿地,是东亚——澳大利亚鸟类迁飞路线,具有一定的代表性和稀有性,支持着易危、濒危或极度濒危物种或者受威胁的生态群落,定期栖息有2万只以上的水禽,定期栖息有多种(黑脸琵鹭、黑嘴端凤头燕鸥、鸿雁、白腰杓鹬、翘嘴鹬、红颈滨鹬、卷羽鹈鹕等)水禽物种或亚种的种群达到全球数量1%的个体,同时它也是中华鲟的栖息地,其他鱼类的一个重要食物基地、洄游鱼类依赖的产卵场、育幼场和洄游路线。位于琅岐岛南面的鳝鱼滩湿地是闽江口地区面积最大的砂泥质滩天然湿地，也是闽江流域鸟类数量最多、种类最为丰富的区域，主要由江中沙洲、草滩、砂质海滩等组成。鳝鱼滩湿地每年吸引 100 多种鸟类数十万只水禽在此停歇、觅食、中转和栖息繁衍，是各种候鸟溯江而上的驿站，每年还有种类众多的鱼虾在此完成产卵并度过幼年期。面积最大的是长乐的鳝鱼滩，退潮后约 5 平方公里。它是候鸟到达闽江口的首个栖息站点。鳝鱼洲共有鸟类 10 目 19 科 73 种，其中属国家二级保护的鸟类就占总种数的 15%，还有 48 种《中日候鸟保护协定》保护的鸟类，占总数的 66%。鳝鱼滩湿地上的鸟类无论是种类还是数量的丰富度都为闽江流域所罕见。目前因为福州气候转暖，部分夏候鸟在鳝鱼滩上安家落户，成为留鸟了。

浦下洲和新垱洲是闽江河口两块很重要的湿地，目前已开发利用。这两块湿地曾经是距离城区最近的大湿地，是鳝鱼滩涨潮后鸟类内迁的很好落脚点。两块滩洲四边全部为河蚬养殖场，给鸟类提供了非常丰富的食物。由于无人干扰，这两块滩洲上肯定生存着许多湿地特有的生物，很具有研究价值。

闽江河口的这几块湿地之间有着密切的联系，构成完整的生态系统。鸟类可以通过湿地为跳板，逐步向闽江流域腹地迁徙渗透，也可以随闽江口潮水的涨落，寻找最适宜的觅食和栖息场所。因此，闽江河口任何一片湿地的破坏，都会在不同程度上损害已经形成的闽江口鸟类活动的环境。

然而，我们不愿意看到的是，地球之肾正在经受严峻的考验。人类竟成为湿地面临的最大威胁。过度的开发和污染导致闽江河口湿地面积减少和生态破坏。

蝙蝠洲湿地原有面积约 5000 亩，主要以砂泥滩、农田、套河水、洼地组成，常见鸟类有白鹭、苍鹭鸥、红嘴、珠颈斑鸠、云雀等。因为洲上在建堤，土堤断绝了该湿地的水源，加上以前进行的围垦、填河，湿地将很快消失。土堤已经将湿地围得水泄不通，堤外的水很深，堤内几处不大的水洼浅得一眼能看到底，其余的地方都裸露出土地。由于土堤隔绝了湿地的水来源，所以只有靠水的芦苇还是青色的，再往里的已干黄、枯萎。同样因为缺水，白鹭等鸟类只好在水洼附近觅食。

草洲湿地是福州最靠近城区的大型湿地之一，面积曾达 3000 亩以上。湿地的自然条件良好，有丰富的甲壳类和双贝壳类等鸟类食物，吸引了大量的水禽群体栖息，是福州独特的生态景观。由于几年前要开发草洲湿地,开发商吹沙造地,将大量的河沙覆盖到湿地上,将草洲湿地填高了近 2 米。虽然工程停工了,但草洲湿地的面积已经萎缩了三分之二,仅剩下 1000 多亩。原本长满水草的湿地,现在已经是光秃秃的一片沙地,上面只零星长着几棵小树,而各种垃圾随处可见,河边更是堆积了三四米宽的垃圾带。在河岸边,咸草的消失,意味着水禽失去食物,只能选择离开此地。草洲湿地生物种类已经减少到不及开发前的一半。

马杭洲湿地是一块上千亩的低盐沼泽湿地,有白鹭、灰鹭等 30 多种水禽在此栖息。乌龙江特大桥的建设破坏了其过半的湿地领域。1998 年,某公司在此建设的一条石坝将马杭洲与闽江完全隔离。目前马杭洲已基本被吹沙造地,人为破坏十分严重。现在的马杭洲高出江面数米,满眼是土黄的沙砾,荒草杂乱生长,随处可见成堆的垃圾,湿地里只剩下一个很小的死水洼。同时,马杭洲上已经出现成片的建筑物,附近的村民在向马杭洲里倾倒生活污水,它被旱化、沙化后,丧失了湿地的特性和功能,已经变成旱地了。

鳝鱼滩湿地是闽江口面积最大的一块湿地,退潮后约 5 平方公里,这里是候鸟到达闽江口的第一个栖息站点。鳝鱼洲共有鸟类 10 目 19 科 73 种,其中属国家二级保护的鸟类就占总种数的 15%,该湿地上的鸟类无论是种类还是数量的丰富度都为闽江流域所罕见。由于渔船在鳝鱼滩鸟类栖息地附近频繁往来,附近乡镇将大量污水排进滩外水域造成湿地水域水质恶化以及附近居民上岛大量捕杀等原因,导致湿地生态环境受破坏,鸟类种群数量明显减少,20 世纪 80 年代每年几十万只候鸟在岛上越冬的景观已难见到。

闽江河口湿地一旦衰竭,将会带来巨大的负面影响。首先,鸟类失去迁徙跳板。对湿地一旦被破坏后的影响,刘剑秋教授介绍说首先将导致生物物种减少,整个闽江口大约有鸟类近百种,一旦没有了湿地环境,它们将全部迁居。同时,闽江河口各种鸟类以各块湿地为跳板,逐步向闽江流域腹地迁徙,也可以随闽江河口潮水的涨落,寻找最适宜的觅食和栖息场所。闽江河口任何一片湿地的破坏,都会在不同程度上损坏已经形成的闽江河口鸟类活动环境。

其次,雨季来临时,湿地可缓解洪水;干旱时,又可增加空气湿度。湿地对当地的区域气候能起到巨大的调节作用,一旦湿地毁灭,将对福州市的生态环境造成不可挽回的破坏。

专家说法:闽江将无处分洪,对闽江航道研究了几十年的福建省交通协会的林光衡告诉记者,从 20 世纪 90 年代开始,闽江水流已发生变化,不仅影响航道,还极大地影响泄洪。

据介绍,闽江在南台岛西端淮安分成南北港,北港(台江)入口处洪山峡谷最窄处只有 300 米左右,而南港即乌龙江入口处厚美河谷宽达 2000 米以上。淮安天然的分水点原来能将汛期过六成水量分由南港泄洪,减轻北港所经过的台江(即福州城区)洪灾压力。枯水期,淮安分水点能将七至八成的江水导入北港,满足台江(乃至福州城区)城市用水和主航道的畅通。淮安分水点曾被有些专家誉为天然都江堰。

但是,从 20 世纪 90 年代开始,由于人为因素如北港的过量采砂等原因,造成南北港河道水流发生变化。当闽江干流量小于 600 立方米/秒时,南港断流,江水全汇入北港;汛期则六成以上的洪水冲入北港。这种现象逐年加强,从 1994 年开始,北港每年流量增加 180 亿立方米。

北港流量大幅增加,导致北港河床明显下切,解放大桥(万寿桥)倒塌。新解放大桥建成后,桥下台江新码头前沿水深由 3 米增加到 20 米。河床每年以米为单位下切,而后危及河岸,这段岸线离水面 20 米左右的陆域建筑物均有受水力侵蚀而动摇的可能。现苍霞一段防洪石堤出现向江边倾斜,汛期解放大桥临近的江滨路北侧出现管涌,路面出现裂缝等。

南港流量越来越小,甚至断流,使泥沙日益淤积。如今,南北两港都在筑堤吹沙造地,昔日分洪的河滩上民宅和其他建筑物正在拔地而起,河道日益变窄。这样,一旦特大洪水来临,北港的水流将越来越急,南港分洪能力日益丧失,无处分洪的局面已经形成,灾害难以避免。

保护湿地势在必行。而目前我国还没有关于湿地保护的完整的法律,保护湿地的有关法规散见于其他有关法规中、有时存在互相矛盾的现象。法制建设的滞后,造成政府管湿地无法可依、无法可执,这是各地湿地管理中迫切需要解决的问题,也是闽江河口湿地保护和管理中急需解决的问题。福建省的湿地保护起步就比较晚,存在对湿地认识不够、湿地资源总量不明、缺乏必要的保护规划、湿地资源被占用等诸多问题。从管理层面来看,湿地保护牵涉到林业、环保、国土、水利、农业、海洋与渔业等多个部门,一些地方存在无意识保护、无意识破坏的现象。虽然福州市的湿地保护,已出台了《关于加强湿地保护与合理利用的意见》,福建省目前还没有一部专门的湿地保护的法律法规,这是造成目前湿地继续受到破坏的主要原因。目前与湿地保护相关的职能部门,都是在各自权力范围内行使职责。然而,湿地保护是一个非常系统的工作,尚需社会各界共同努力。

闽江河口湿地作为乡土地理的一个良好素材引起了我和团队的兴趣。

相对于研究其地形地貌和生物多样性,其更有意义的是让学生体验人地关系,唤起对人类环境的情感,培养学生保护环境的责任感。课题"走进闽江河口湿地,培养中学生地理综合实践能力"应运而生。该课题着眼于"学生实践能力的培养""充分重视校内外课程资源的开发利用"的要求,师生共同提高地理核心素养之地理实践力,也为党的十八大"五位一体"的生态文明建设奉献绵薄之力。通过实施本活动,学生能开展课外调查与考察,体验对课题探究过程与方法,引起他们对身边湿地的关注,通过学生到实地对闽江河口湿地功能、景观、水质、湿地的开发与保护开展调查、考察与宣传,增强其保护湿地资源的意识,促进学生自我保健,健康成长,同时提高学生自主学习、探究问题的能力,并在实践活动中形成合作精神,互相交流实践活动的心得,让学生逐步养成学科学、爱科学、用科学的良好习惯,并培养学生热爱家乡保护环境的情感,形成可持续发展的生态文明观念。

本课题研究的核心对象有两个,一是福州的闽江河口湿地(主要是鳝鱼滩湿地),二是中学生的地理综合实践能力。针对这两大研究对象,课题组设计了多种活动,分三个阶段推动研究深入。

阶段一:初探湿地——搜集湿地资料,组织师生汇报

鳝鱼滩湿地是闽江口面积最大和保护较好的一块湿地。据所查找的资料记载,在鳝鱼洲发现的鸟类就多达 73 种。除此以外,闽江河口湿地在调节闽江水量,以及调节福州市气候等方面也起着莫大的作用。

但对于学生来说,对湿地的认识还是缺少一些感性经验的承载和一些理性数据的支持。因此,组织学生初步认识湿地还是很有必要的。三校学生分为三大组,由各校老师引导,利用课余时间搜集整理资料、采访专家,并形成文字、课件、报告、模型等多种材料。

2014 年 4 月,课题组组织三校师生汇报湿地资料搜集成果,并以此开设了一堂别开生面的地理综合实践市级公开课——《走进闽江河口湿地》。三校老师和学生提前一个多月就开始了相关的准备。十六中的创意是演绎一台情景剧,来表现湿地环境破坏的现状。英才中学的同学们利用模型和图表来呈现湿地的特殊性质。首先学生们上网利用 Google earth 查找闽江河口湿地的图像资料,然后再用纸浆等材料将其"拷贝"成立体模型,最后定型、上色。作品可谓惟妙惟肖。时代中学则利用了丰富的信息技术来展示湿地,过程也是经过了反复的修改。两节连课,除了不同的展示方式,课堂上还采取了团队提案、小组辩论等丰富的手段。

阶段二：走近湿地——邀请专家莅临，组织野外考察

为了更好更加深入地了解湿地的境况，并将阶段一中各团队所提出的野外考察预案付诸实践，课题组决定将组织三校师生进行闽江河口湿地的野外考察活动作为阶段二的核心任务。

在野外考察前期，课题组邀请福州市的湿地研究专家余希主任来校为师生开设湿地考察预备讲座——《福建湿地生态保护与可持续利用》。讲座介绍了湿地的定义，福州湿地的概况、特点、过冬的水鸟，以及如何进行湿地考察。

因天文大潮时间便于观察水鸟，课题组于2014年11月23日组织三校师生前往福州长乐鳝鱼滩湿地进行野外考察。三校师生分为五个小组，展开湿地考察活动。每个小组由组长自行挑选不同校、不同年段的学生组成，真正做到校间协同合作。考察活动包括：①专家讲座，记录考察关键内容及注意事项；②访谈专家、当地居民或游客（每小组访谈5人）；③问卷调查（每小组派发并回收10张问卷）；④选定一块区域进行观鸟，并填写观鸟记录；⑤调查鳝鱼滩湿地土地利用状况，并绘制"土地利用统计图表"（可绘制饼状图、折线图或柱状图等）；⑥设计湿地保护口号或宣传图标（每小组2～5个）；⑦拍照（每小组上交5张关于本次活动的照片，题材不限）；⑧绘制"鳝鱼滩湿地简图"；⑨撰写湿地考察心得。

阶段三：拥抱湿地——考察汇报、撰写论文，形成终期成果

经过第二阶段对湿地的了解，师生们感触颇深。第三阶段趁热打铁，课题组要求三校师生整理并总结考察内容，分块展示考察收获。根据所得信息，学生分为5小组汇报，包括了湿地概况组、专家访谈组、调查问卷组、观鸟组和湿地规划组，对这些信息进行加工、处理，而后进入课堂，与其他学生进行汇报、交流。最后，每一小组还针对湿地的未来提出畅想，设计了多幅图标，对保护湿地进行宣传。

汇报之后，课题组成员针对这一年半来的所组织的活动撰写心得体会、撰写论文，先后成文数篇。另外还有课题心得和小结、汇报课例和宣传稿件等成果，可谓是硕果累累。

历时一年半的科研活动，使得三校师生都获得了不同程度的收获。在培养学生地理综合实践力的同时，也极大促进了教师的专业化成长。"走近闽江河口湿地"地理综合实践活动紧密贴近学生自身生活和社会生活，符合新课程"学习生活中有用的地理"的理念，由学生自主实践和探索，体现对知识的综合运用，它超越课本，超越课堂，以乡土问题为载体，以学生发展为起

点,走向自然,走向社会,走向生活,增强学生对自然、对社会、对生活的实际体验。在参与综合实践活动的过程中,能够积极调动学生深入研究相关理论背景知识,培养学生的观察能力、动手能力、创新能力和实践能力,以及合作精神与团队意识,充分释放学生的潜在能量,挖掘他们的探究潜质。

在"走近闽江河口湿地"系列活动中,学生为了了解闽江河口湿地的现状曾在教师的指导下进行了多次的社会调查。教师引导学生首先针对闽江河口湿地状况查找资料,再定出该主题的四块子内容:在湿地上生存鸟类的现状、湿地土地利用的现状、湿地污染现状和湿地周边居民的生活现状,接着再针对每一块子内容提出若干小问题,最后整合成问卷或采访提纲等。这一过程,教师只是作为引导者,最重要的是引导学生习得社会调查的方法,提高社会调查的能力。

新课程所提倡和发展多样化的学生学习方式,特别是自主、探索与合作的学习方式。"操作实践、合作交流、自主探究"是"地理综合实践活动"尤为重视的学习方式。"走近闽江河口湿地"系列活动转变了以往"单一、他主与被动地接受知识"的低效学习方式,让学生在体验、合作、探究的过程中,不仅获取了知识,也发展了能力、丰富了情感。

课题组教师组织有兴趣的学生参与"闽江河口湿地"的研究,通过长时间的实际观察、考察、测量、演示,最后将其成果以文字报告、制成标本、绘成图形、制作成计算机动画或其他学生擅长的表达方式呈现出来,还辟出专门的时间,让他们向同学展示,与同学交流分享,达到共同学习的目的。

"走近闽江河口湿地"实践活动,其实践性、探究性很强,而且历时要求较长,不仅充分突出了学生本位的思想,发挥了学生学习的自主、合作和探究性,也体现出了"提升地理素养,彰显个性发展"的现代教育理念和"学习对终身发展有用的地理"的新课标理念。

第三节　福州因你而美丽

人与自然相生相依,自然给予我们赖以生存的家园,我们能够为她做些什么?或许尊重她、爱护她就是最好的答案。在闽江河口湿地之行中,福州第十六中学、福州时代中学和福州英华中学的孩子们用自己的实际行动打了一场漂亮的自然保卫战!

图 4-3-1 闽江河口湿地宣传及考察展板

说起以闽江河口湿地作为考察对象,还源于一位热心的家长。2013年9月,一位家长在班级家长QQ群里的一则网络投票倡议引发了我对闽江河口湿地的用心关注。他呼吁人们积极为闽江河口湿地竞选"2013中国十大魅力湿地"投上一票。我很欣赏他热爱福州、关注湿地的情怀。作为地理教师,我觉得自己应该责无旁贷地引导中学生认识湿地的功能和重要性,提高湿地生态意识和环保理念。之后我开始通过各种渠道了解闽江河口湿地,也在我的地理课堂上"见缝插针"地宣传湿地知识。在一次教研时,我的想法引起了同行们的兴趣,在进一步交流讨论中,成立课题组并带领学生进行研究性学习的事情就这么定了下来,身为地理人的情怀和责任促成了这次综合实践活动的诞生,我们希望通过此次活动,引领有共同志趣的同学走进湿地,了解湿地,发现并感受湿地危机的紧迫性,进而投身到保护家乡湿地的实际行动中。学校的老师们首先开始忙活起来,通过在展板、学校网站等直观呈现闽江河口湿地的素材,大肆渲染了探究湿地的氛围,引起不少学生对湿地的好奇和关注。很快,一些孩子来找我探讨关于湿地的知识,我甚感欣慰,并从这些孩子当中挑选了课题成员。

　　为增加研究团队实力，实现优势互补，老师们针对学生的特点进行分组，并给各组指派了初期任务，包括：(1)通过对闽江河口湿地各类资料的收集及分析，初步了解闽江河口湿地的地理及生物概况，认识湿地的综合效益，浅析闽江河口湿地目前面临的问题，尝试提出一些整改建议；(2)通过收集资料，调查分析湿地的环境效益问题，深入理解湿地开发与保护的措施和问题；(3)制作模型、图表，并能利用模型、图表来说明闽江河口湿地的位置、状况以及对环境的影响；(4)收集图文资料、走访专家，最后孩子们需要把搜集到的资料进行分析和整合，并制作汇报课件或进行模型展示。老师们也不闲着，他们需要对孩子们进行必要的指导，提出整改建议。

　　上述任务谁是主角？很显然是学生们。老师们则从"教书"变成了"监督"和"指导"。任务艰巨成为孩子们的第一感觉，但是他们兴致勃勃。艰巨跟自由比起来，孰轻孰重呢？在进行充分讨论和分工后，孩子们很快就投入到行动中去，有的收集资料，有的访问专家，有的探索模型和图表的制作。当然，这其中也有遇到困难和失败，但难能可贵的是，所有人都坚持了下来。

　　在初期的成果汇报中，孩子们充分展现了自己的语言表达、临场应变、多媒体应用、图表及模型制作等各种能力和学科素养，可谓是创意无限又充满挑战。

　　指导教师鼓励各汇报小组根据各成员的自身优势、团结协作，用多样的形式来展示探究结果。

福州第十六中学小组用情景剧来演绎湿地环境破坏的现状。

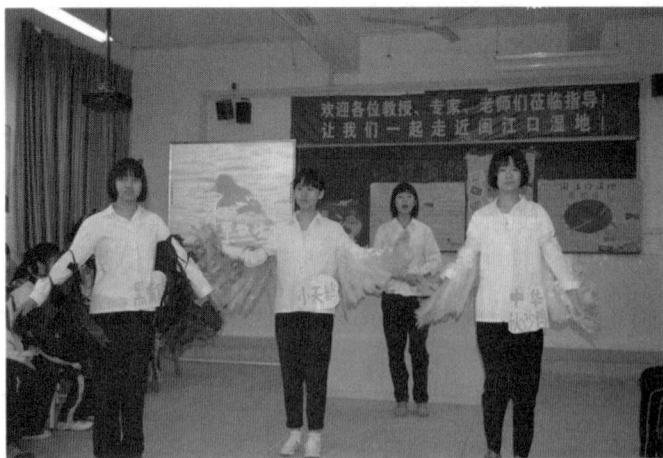

图 4-3-2　十六中学生保护闽江河口湿地情景剧演出

教师:福建省湿地面积锐减,闽江河口湿地由于随意侵占和破坏,现存天然湿地面积仅剩三分之一。在实践过程中,我们十六中的师生积极参与查找资料,收集资料后发现:盲目围垦、环境污染是湿地"两大杀手"。为了更好地展示我们的发现结果,接下来,综合实践十六中组的学生将为大家展现《闽江河口湿地二三事》的情景剧表演。

【一片生机勃勃的景象展现在眼前,翠绿色的芦苇随着风轻轻摆动,不时传来几声悦耳的鸟啼声,这时……】

旁白:

闽江河口湿地旁居民(惬意地缓缓走出):

嘿,你们好呀。我家住在闽江口长乐潭头梅花镇,家旁边就是美丽的闽江河口湿地。什么?你问我这儿有多美?(闭上眼享受地深呼吸),看,那成片成片的芦苇自在地摇摆的样子,微风轻轻拂过,一群在这里栖息的鸟儿飞起来的样子,还有湛蓝的天,清澈的水,都很美!

(突然)快看!(扮演黑嘴鸥的演员出场)那是黑嘴鸥!它的头和上颈是黑色的,眼下有着白色的小斑,走起路来真是憨态可掬。

那是小天鹅!(手指一指,扮小天鹅的演员缓缓出场,惬意状)它有着纯白色的羽毛,颈部和嘴都比大天鹅更短一些,不过这样看起来更可爱不是吗?

(扮演秋沙鸭的演员出场)还有那只嘴和腿脚都是红色的看起来很像鸭子的小鸟!那是中华秋沙鸭!

先不和你们说啦,我得去另外的地方溜达溜达啦!这儿!还有很多很多美不胜收的地方呢!(旁白退到一旁)

中华秋沙鸭,小天鹅,黑嘴鸥。(凑到一块)

小天鹅:嘿!你们好啊!你们也是来这里准备过冬的吗?

黑嘴鸥:是啊!每年,我都要在这里歇上一阵,才有力气再飞到澳大利亚去呢!

中华秋沙鸭:是啊是啊!这儿不仅环境好,你瞧,多美啊!还有好多好吃的!

(小鸟们点头赞许着,带着愉悦的心情走开,退场)

几个月后的一个早晨:

旁白:(打了个哈欠,惬意地伸了伸懒腰,突然发现芦苇变短,做惊奇状):这这这!这是怎么回事!我记得十几天前的芦苇还有这么高(着急地比画),怎么现在成了这样!(惊讶地望着短了一大截还少了很多的芦苇

群)我想起来了!(恍然大悟状)那天……(旁白退到一旁)

数天前

一群学生(高兴地,七嘴八舌):

学生 A:终于盼来这天啦!

学生 B:哈哈,是啊,终于能秋游了!

学生 C:你看那儿! 好多小鸟!

学生 D:是啊是啊!

到了中午

学生 A:(围成圈坐下)走了大半天了! 真累! 我们开始休息一会儿,吃点东西吧!

学生 B:好啊好啊! 你看这儿风景这么美! 如果我们能野炊! 那多惬意!

学生 C:可我们上哪儿去找柴火啊!

学生 D:(指了指远处的芦苇)看! 那儿不是有很多芦苇嘛! 我们割一点来生火就好了!(做砍割状)

学生 A:(得意状)我还带了弹弓! 试试能不能打只小鸟下来玩玩!(做瞄准状)

A、B、C、D 一行人开始野营。吃完的可乐罐、零食袋、纸巾随意乱丢。

开发商:嘿! 你们几个! 走开走开!(A、B、C、D 一行人赶忙逃离现场)这是我要建滨江度假村的地盘!(学生退场)(手一指)喂! 你!

(工人上场,开发商指了指工人1)你给我去把那里的地填平了!(转身又指了指工人2)你! 去把那里的芦苇给割了!

工人们(作填地、砍割状):好的老板!

农民:诶诶诶全给我走开(作驱赶状)这是我的地! 建什么度假村啊! 我得养鸭子! 走开走开!

……(争吵不休)

开发商:这是我花大价钱买下的地,白纸黑字有记录的! 你要不信就去问问这里的管理员!

农民:去就去。走!

(做寻找状)

农民：咦,管理员呢? 跑哪儿去了? 真是的,经常十天半个月的看不到人影,也太不负责任了。

开发商：去那边找找。

（开发商、农民、工人退场）

傍晚时分

【地上满是垃圾,芦苇群只剩下极少的在风中孤零零地摇动……】

小天鹅（愤愤地、不满地）：他们怎么能这样！我住的地方全都乱糟糟的啦！

黑嘴鸥（伤心地）：前两天这儿的芦苇还是那么高,那么密呢！怎么一下就成了这样！现在我们去哪儿住啊！

中华秋沙鸭（惋惜地）：唉！走吧走吧！我们找找这里还有没有其他的芦苇群。实在不行……我们就换一个地方过冬吧！

小鸟们（重重地）：唉！！

旁白：最近很多学生、家庭都成群结队地来这里野炊,把成片成片的芦苇群都割走生火,还有些走时未熄灭的火星又复燃了。你看（用手一指）原来那么茂密的美丽的芦苇,只剩下这些光秃秃的部分和那些人留下的垃圾了,鸟儿们刚开始还能换一块芦苇群栖息,可现在……唉！！（惋惜地退到一旁）

小天鹅：嘿！我们今年去这儿过冬吗?

黑嘴鸥（重重地叹了口气）：你不知道过了一年,这儿已经不像以前那样了吗。

中华秋沙鸭（惋惜地）：是啊,芦苇群都没有了,我们还是换个地方吧。

小天鹅：可是……这里曾经是那么美啊！

黑嘴鸥：再美的地方也经不起人类的破坏啊！

（小鸟们惋惜地退场）

次年

另一队秋游的学生（诧异地,奇怪地）：

学生1：咦? 这里怎么是这样的?

学生2：是啊,老师不是说有很多珍稀的鸟类都来这里过冬吗,怎么放眼望去都没有什么动物呢? 倒是多了许多建筑工地,还有人在那围网养鸭子!

学生1:这里不是省级自然保护区吗? 这样做合法吗? 怎么都没人管管?

学生3:还有网上的资料是说这儿有很多芦苇啊! 怎么都只剩下光秃秃的矮矮的杆子了!

学生2:那儿倒是有一片绿地,草长得挺茂盛的。

学生3:我想起来了! 那可能就是网上说的互花米草,是一种外来物种,原产于美国东海岸。名字倒是挺好听的,但它的入侵繁殖能力极强,生长速度也很快,我们省自1981年在罗源湾引种互花米草,目前,已经占据鳝鱼滩草滩一半以上的面积了。

学生2:照这个速度发展下去,将来整个鳝鱼滩湿地的植被会不会全部被互花米草所取代啊?

学生1:我看有这个可能。

【几个学生诧异地失望地四处走着,原来生机勃勃的景象已经不复存在,放眼望去,孤零零的芦苇秆,偶尔飞过却不肯停留的鸟儿留下几声像是叹息的啼叫(由出演鸟儿的演员演绎)……】

几天后

(第一队)学生再次来到闽江河口湿地。

学生A:这儿! 这儿怎么成了这样! 我原本想再来这里看看当初那样美好的风景的!

学生B:你看!(一指)那儿原来不是有一大片芦苇群的吗!(惊讶状)

学生C:(向前走去,难过地低下头)你们看……一定是很多人和我们一样乱割芦苇,结果芦苇少了,鸟儿们也不来了……

居民(愤怒地走来):你们怎么又来了?! 还嫌这里的环境不够糟糕,还想再来破坏吗? 这是闽江河口湿地! 是省级自然保护区! 我小的时候这里还可以看到几十万只候鸟腾空飞舞、遮天蔽日的景象,可现在,什么鸟都见不到了!(欲哭无泪状)河水越来越脏,前几天我还在一个水塘边看到一只水鸟的尸体呢! 太可怜了! 天气也一年比一年怪,就连出个门都得戴上口罩!(戴口罩状)

学生A:什么? 你说的这些都是因为湿地被破坏而造成的?! 没想到我们的一个小小的举动会造成这么恶劣的影响。

学生B:河水已经这么脏了啊? 难怪我们家最近都不用自来水煮饭了,我妈都让我喝矿泉水。

学生 C：空气这么脏，天气又忽冷忽热的，我爸的哮喘病最近也老是发作。

学生（一起、愧疚地、诚恳地）：对不起！我们会一起把被割毁烧毁的芦苇种回去的！请相信我们！

开发商、工人：我们也是……我原来以为这么美的风景用来建一个度假村再好不过了……可没想到开发会让这里变成这样……对不起！我们一起努力让它变回原来那样的美丽吧！

农民：带上我！我不该乱圈地来养鸭子！一定给你们添了很多麻烦！我们一起加油吧！

（大家努力重新建设环境，捡垃圾，种芦苇……）

居民（脱掉口罩，点点头，感慨）：人们总是爱在犯下错误后才幡然悔悟，希望这次的教训能让大家铭记于心，要知道，有时候，太迟的觉悟会让错误变成遗憾，不可弥补……

（远处）鸟儿们：快看！那儿！那儿！我们应该很快又能回到那片湿地了吧！（快步走向湿地）

全体：（站在一块谢幕）谢谢大家耐心的观赏！（鞠躬谢幕）

教师：

刚刚在同学们的展示中，我们会发现围垦养殖、环境污染、人为的破坏，是闽江河口湿地自然保护区被破坏的主要原因。

围垦不仅破坏了滩涂生态系统的平衡，还导致许多濒危的鸟儿丧失了栖息所在地和饵料资源。最终，失去家园的鸟儿们逐渐靠近人类的活动区。

环境污染中，大量工业废水、生活污水排放、船舶运输引起的漏油事故以及海水入侵等湿地环境污染，已经成为闽江河口湿地面临的严重威胁，导致湿地上的草渐渐枯萎，有的鸟儿甚至"饮水而亡"。

值得庆幸的是闽江河口湿地所在的福州市从保护法规设立、配套设施建设、湿地功能改善等方面着手加强保护，已取得积极成效。近日，闽江河口国家湿地公园生态站成功通过专家认证。

福州英才中学的同学们则在 Google earth 的基础上，利用模型和图表来呈现湿地的特殊性质：

师：去年 6 月份，闽江河口湿地由市级保护区成为被国务院批准的国家级保护区，可见其中有着非同寻常的重要性。作为福建人，尤其生活在福州的我们，对这片上天赐予的财富，我们了解得太少。我们英才代表队在前期对于闽江河口湿地资料的搜集过程中，由于资料太多，我们进行了小组分工,分成 4 个小组,每小组 3～4 人,分别对闽江河口湿地概况、湿地植被、湿地生物、湿地用地情况四个方面进行搜集,并最终以图表的方式进行呈现。接下来,由我们的四个小组来进行他们的成果展示。

生:(展示闽江河口湿地模型)

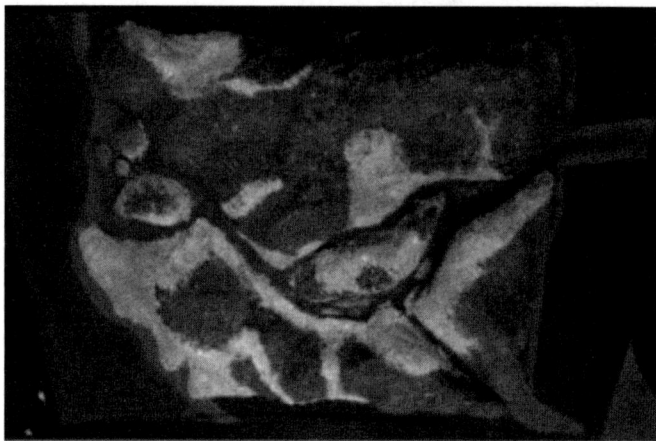

图 4-3-3　英才中学学生自制闽江河口湿地模型

老师,同学们,大家好,我们是英才第一小组,查找展示的是闽江河口湿地的总体概况。福州闽江河口湿地西起福州的侯官,一直到长乐的梅花镇。专家已发现 6 块面积超过 3000 亩的大片湿地。其中面积最大的就是鳝鱼滩湿地,它地处闽江口入海口,分布于琅岐岛与长乐市潭头——文岭——梅花之间的梅花水道,潭头—梅花一侧,闽江水流自上游搬运来的泥沙形成河口浅滩,长期的演变形成一条西北—东南走向沙洲,是候鸟到达闽江口的首个栖息站点。马杭洲湿地位于仓山区城门镇,比邻草洲、道庆洲,是一块上千亩的低盐沼泽湿地,有白鹭、灰鹭等 30 多种水禽在此栖息。蝙蝠洲湿地位于福州的长乐市的猴屿张村,也是闽江河口湿地最重要的湿地之一。浮岐洲湿地,位于长乐的南部,面积约 2000 亩,有许多珍稀的鸟类,同时也是一块大面积的水田。浦下洲湿地位于南台岛的北部,同时也是闽江分流成乌龙江与台江的地方,物种丰富,是鸟类迁徙中一块重要的落脚点。新埕洲湿地位于南台岛北港附近,目前政府对它进行了一定的开发。以上是我们搜集到的闽江口几个主要湿地的概况。谢谢大家!

生:(展示闽江河口湿地植被概况图表)老师、同学们,大家好!我们是英才第二小组,展示的是闽江河口湿地的植被状况。闽江河口湿地保护区在植物地理上属冷北极植物区系与古热带植物区系的过渡地带,处于中国—日本森林植物亚区的华南地区,主要植被类型包括红树林、滨海盐沼、滨海沙生植被。良好的植被条件是湿地健康和功能完整性的必要基础。例如水葫芦、香蒲和芦苇等广泛用来处理污水,用来吸收水中浓度很高的重金属镉、铜、锌等,对降解污染起着非常独特的作用。湿地上生长的维管束植物主要有秋茄、芦苇、短叶茳芏、薹草、卡开芦和互花米草等。其中短叶茳芏,又名咸水草,是闽江河口湿地重要的植被类型,是中国华南地区昔日捆绑东西的主要工具。芦苇,主要生长在沟渠、河堤、沼泽等低湿地或浅水中,世界各地都有分布,可以用来造纸,也可用作药用,是护土固堤改良土壤的首选,用途广泛。我们在查找资料过程中发现,自 2000 年起,闽江河口湿地就已经被政府高度重视了,但是在这种情况下还是遭到了严重的破坏,我们要保护这一片湿地植被,不让它遭受破坏。以上是我们搜集到的闽江河口湿地植被的概况。谢谢大家!

生:(展示闽江河口湿地生物概况图表)老师、同学们,大家好!我们是英才第三小组,展示的是闽江河口湿地的生物状况。我们了解到,由于闽江水源充沛,每年都有上千万只的越冬候鸟飞临此地栖息,这些候鸟沿着中国大陆沿海—东南亚—澳大利亚线路,这条是"东亚—澳大利亚"迁徙路线,福州则是这迁徙的必经之路。我们找了以下几种作为代表:中华秋沙鸭,是中国的特有物种,嘴形侧扁,前端尖出,嘴和腿脚为红色,头顶的长羽后伸成双冠状,潜水捕食鱼类。中华鲟是古老的珍稀鱼类,世界现存鱼类中最原始的种类之一,是中国一级保护动物,也是活化石。遗鸥,鸥科鸥属濒危候鸟,幼鸟嘴、脚为黑色或灰褐色,其越冬地在中国和韩国亦有发现。黑嘴端凤头燕鸥是中型水鸟,主要栖息于海岸岛屿,繁殖于中国山东海岸,迁徙和越冬于东南亚。单脚蛏,学名中国淡水蛏,又名河蛏,是我国特有的淡水经济贝类,只产于福建省福州市闽侯县尚干镇淘江里,而近几年,由于江水污染和人为的过量捕采,已经很难见到野生中国淡水蛏的踪迹。曾经闽江口是鸟类的天堂,"数丛莎草群鸥落,万顷江田一鹭飞"构成闽江河口湿地上一幅幅令人流连忘返的优美画卷。但我们已经失去了很多的湿地,眼前的闽江河口湿地就是最后一块具有全生态功能的完整的湿地,虽然这里风景独好,但这"独"字,却明明白白地告诉我们它的脆弱,它的珍稀!所以我们要保护湿地!以上是我们搜集到的闽江河口湿地生物的概况。谢谢大家!

生:(展示闽江河口湿地用地情况图表)老师、同学们,大家好!我们是英才第四小组,展示的是闽江河口湿地的用地情况。现在闽江河口湿地的情况令人不得不紧皱眉头,残留的 1000 余亩湿地上,垃圾遍野,污水横流,远处工地上隆隆的轰鸣声,甚至走几米都看到杂草。蝙蝠洲湿地,主要由沙泥滩、农田、套河水、洼地组成,面积约5000亩,因为洲上在建堤坝,土堤断绝了水源,加上以前进行的围垦、填河,湿地将很快消失。鳝鱼滩湿地,是闽江口面积最大的一块,由于渔船频繁往来、大量污水排放等原因,湿地生态环境受破坏,面积日渐萎缩。马杭洲湿地,是一块上千亩的低盐沼泽湿地,乌龙江特大桥的建设破坏了其过半的湿地领域,已基本被吹沙造地,人为破坏十分严重。现在的马杭洲已经不能再称为湿地,它已被旱化、沙化后,丧失了湿地的特性和功能,已成为旱地。草洲湿地,是福州最靠近城区的大型湿地之一,面积曾达3000亩以上。由于几年前要开发草洲湿地,开发商吹沙造地,将大量的河沙覆盖到湿地,面积已经萎缩了三分之二,仅剩下100多亩。新垱洲湿地和浦下洲湿地也是闽江河口湿地中面积极大的,但由于近几年的开发,已经吹沙造地变成了现在的海峡会展中心。湿地是可以净化空气,保持水土,储存水库,缓解洪水,干旱时,增加空气湿度,对我们地球是不可缺少的一部分,是"地球之肾",我们应该保护湿地,保护我们生存的家园。以上是我们搜集到的闽江河口湿地植被的概况。谢谢大家!

师:刚才大家看到了时代和英才代表队展示的作品,一组以PPT展示,一组以图表展示,其实在前期的过程中也遇到了许多难题,比如PPT和图表的绘制,对内容如何选取,如何设计,什么地方放图,什么地方配上文字介绍,都是在一遍一遍的反复修改中最后成型。再如模型的制作,开始很难找到闽江口的地形图,最后我们利用Google earth,截图获取地形图,再按照一定比例拓图,接着用废报纸定型大概的高低位置,再刷上一层纸巾,最后等风干后再进行上色等处理,最后制作出了闽江河口湿地的模型图。这两种不同方式的展示,既对比又互补,PPT能弥补图表展示资料的有限性,图表又能突破PPT这种传统的展示方式,更直观,通过这样的整合,使得展示的资料更加丰富、生动。

福州时代中学小组结合精炼流畅的语言表达和较扎实的现代信息技术来展示湿地的湿地概况、现存问题以及保护措施等,理论翔实、案例丰富、数据充分,颇有"湿地小专家"的风范。

(放映学生制作的湿地微电影、"中国十大魅力湿地"评选视频)
[老师导言]
(展示PPT-闽江流域)我们的"母亲河"——闽江流域约占全省总面积

的一半,发育有良好的湿地生态系统,具有很高的经济价值和生态价值。闽江河口湿地紧邻福州城区,由于城市规模的扩大、经济建设的发展以及对湿地资源的过度开采和占用,闽江河口湿地的功效日益下降⋯⋯专家呼吁:"再不采取强有力措施,福州的重要湿地不到10年就没有了!"

⋯⋯

[PPT展示—初期成果汇报提纲]

闽江河口湿地的"概况""现存问题"两部分,我们将结合英才中学同学们精心制作的图表、模型展示。

生1:"中国十大魅力湿地"评选是中央电视台推出的大型公益活动,它倡导生态环境保护,共同建设美丽中国。

生2:我们非常幸运,身边有这么一片神奇的土地——闽江河口湿地!我们也非常自豪,在这次评选中福建闽江河口湿地位列第四。

生1:下面我和生2同学就带领大家走进湿地。我们将从概况、目前存在问题和举措三个方面介绍。首先向大家介绍闽江河口湿地概况。

一、闽江河口湿地概况

(一)闽江河口湿地分布

生2:福州闽江河口湿地西起福州的侯官,一直到长乐的梅花镇。专家已发现6块面积超过3000亩的大片湿地,分别是:鳝鱼滩、马杭洲及其毗邻的滩洲(道庆洲、草洲)、蝙蝠洲、浮岐洲、浦下洲、新垱洲等。它们既是目前福建全省最大湿地,也是亚太地区候鸟迁徙途中重要的一处落脚站。

生1:我们此次重点探究的是,被评为"中国十大魅力湿地"之一的鳝鱼滩湿地。

它地处闽江入海口,位于琅岐岛与长乐潭头镇之间的梅花水道中。其中国际、国家重点保护水禽、候鸟集中分布地和鸟类主要觅食、栖息地被称为核心区,面积近10平方公里。

生2:由于河水与潮水的强烈顶托作用,引起了泥沙大量堆积。省、市专家、学者多年的研究调查结果显示,闽江河口湿地属于亚热带地区典型的河口湿地。

(二)生物多样性

生1:湿地上不仅到处芳草萋萋、鱼翔浅底,而且更是鸟儿们的天堂。

生2:"数丛莎草群鸥落,万顷江田一鹭飞"—正是闽江河口湿地的绝好写照。

据统计,在此迁徙停歇的水鸟数量超过5万只。

生1：例如，被称为"神话之鸟"的黑嘴端凤头燕鸥，优雅的黑脸琵鹭，可爱的小天鹅……

生2：优越的自然条件也孕育了多种多样的植物。例如，红树林，苦郎树，秋茄等。

下面有请英才中学的同学们展示他们精心准备的湿地分布模型和湿地物种展板。

生2：感谢英才中学同学们给我们展示了闽江河口湿地的翔实介绍（"丰富的动、植物资源"），"母亲河"河口湿地给我们提供了太多的馈赠。

生1：当然她的作用还体现在提供各种资源、保持良好的生态效益和科研、旅游价值上。

（三）生态效益

生2：省环保局自然生态保护处工程师张少杨指出，闽江河口湿地相当于一个非常大的污水处理厂。闽江河口湿地上的多种植物，都有去除污染的功能，特别是有吸纳重金属的特性，比如淡水葫芦、灯芯草等。

生1：咸草能促淤成陆，防风护土，消除污染……

秋茄（红树）能抵御风浪，防风护堤……

芦苇能防止水土流失，增加滩涂有机质……难怪有人说——湿地堪称全球价值最高的生态系统！

二、闽江河口湿地现存的问题

生2：刘剑秋教授如是说"直到20世纪80年代初，在鳝鱼滩上还都可以看到几十万只候鸟腾空飞舞、遮天蔽日的景象，可现在已经什么鸟都见不到了！"——福建省植物学会理事长、福建师大生物工程院教授刘剑秋，对此深感痛心！

我对此有亲身体验，因为我家就住在乌龙江湿地公园旁边，曾经家里后院常见白鹭三五成群，戏水捕鱼。

生1：那现在呢？

生2：你看！（出示图片"家住乌龙江湿地"）

生1：真是触目惊心呐！难怪专家呼吁"再不采取强有力的措施，福州的重要湿地不到10年就没有了！"

生2：英才中学的同学们对这些破坏湿地的行为展开了进一步调查，请他们上台汇报。

三、闽江河口湿地现存的问题（黄俊炜展示）

刚才英才中学的同学从城市扩建占用湿地的角度，分析了目前闽江河口湿地遭受的一种人为破坏现象。我们在收集资料时，发现湿地还存在以

下破坏情况(播放视频)(视频1分29秒)

（一）自然原因

这段视频中提到,由于鳝鱼滩湿地的地理位置,以及河口的形状特点等自然原因,台风经常光顾,该区域滞留了大量垃圾。

在闽江河口湿地自然保护区,海漂垃圾成堆,包括不可降解的泡沫、玻璃瓶等。这些很多是由于闽江流域沿途居民随意丢弃各类垃圾漂流汇集而成的。

（二）人为原因

但我们更大的担忧来自人为的威胁。该区域周边社区人口数量多,带来人为活动的影响,外来引进物种——互花米草的入侵等人为原因,珍稀濒危动植物资源正受到威胁。

（1）围垦养殖是闽江河口湿地自然保护区被破坏的主要原因。福建师范大学张教授表示,围垦不仅破坏了滩涂生态系统的平衡,还导致许多濒危的鸟儿们丧失了栖息所在地和饵料资源。

（2）环境污染。由于大量工业废水、生活污水排放,船舶运输引起的漏油事故等,环境污染已经成为闽江河口湿地面临的严重威胁,湿地上的植被渐渐枯萎,有的鸟儿甚至"饮水而亡"。

（3）还有张网捕鸟的行为,这些都会严重威胁闽江河口湿地上物种的生存。下面请看一段视频:《一只燕鸥的故事》。

四、目前已采取的保护措施

为湿地争取更多空间,保护闽江口生态环境,已引起了福州市政府部门的极大关注。福州市曾召开市长专题会议,制定了"严打破坏闽江河口湿地行为"的专项整治行动。颁布了若干措施,譬如:

（1）2010年7月1日起实施《闽江河口湿地自然保护区实验区水产养殖管理规定》。

（2）开展湿地保护宣传教育工作。

（3）拓展与科研单位、大专院校的合作,实施闽江河口湿地保护与恢复示范工程等。

不仅政府在行动,早在几年前,就有一批环保人士自发组织起来保护湿地。让我们向这些热爱湿地的人们学习!

除了不同的展示方式,现场展示还采取了团队PK、小组辩论及答辩等丰富的手段。学生们参与热情高,既有合作又有竞争,很好地展现了自己,最大限度地参与到课堂中。

以上是对湿地课题初期准备活动的一次汇报小结,学生利用各种渠道:电视、书籍、网络等搜集资料,他们积极热情地对待自己的这项活动,在老师指导下,进行了周密的安排,保证了这个课题的有序进行。活动期间,同学们克服了各种困难,全身心地投入到活动中,用独特视角和方式了解湿地、感知湿地,在活动中同学们的各种能力,如实践能力、处理信息能力、交往能力、团队合作能力等都得到了一定的发展,还学到了课堂上无法获取的知识和能力。在这个过程中,同学们认识到湿地保护的重要性,树立合理利用保护自然资源的意识,逐步建立正确的环境观,学会热爱家乡,保护家乡。

在初期的搜集资料阶段,最大的收获就是让学生"动起来"了,恩格斯说过:"从事实践活动是能力发展的基本途径。"在课题探究活动中,无论是采取个人活动还是小组活动的形式,在活动中每个人都要承担一定的责任,为了履行责任,必须要依靠自己的头脑和身体,自主地思考和行动,这就养成了学生独立思考和独立完成任务的能力。活动以小组或集体的形式进行,人际交往的机会要比课堂上多,即使是个人活动,也需要学生不断同他人进行交流,课题探究活动使学生的人际交往能力得到提高。学生的实践活动还可以锻炼学生,学生的实践活动几乎没有现成的资料,所需数据、事实实例,都要靠学生自己去寻找、查阅、选择、摘录、分析。这种搜集和处理信息、资料的能力对学生今后的生活和工作极为有利。

同时,课题研究活动还提高了教师的教学能力、组织能力和科研能力,并辐射到日常教学中,优化了教学过程,增强了教学效果,提高了教学质量。本次的公开课更是三校教师教学技能的展示,大大促进了三校的联系与教师比学赶超的意识。

尽管这堂课师生收获颇多,但是也暴露出了一些问题。如:小组活动中没有注意采集相关的影像材料,这是同学们缺少这方面的意识和经验造成的,另外相关资料、信息技术不能很好地有机地结合在一起。这些也是我们在下次活动中需要改善和需要研究、需要解决的问题。

在精彩纷呈的初期汇报课之后,我们准备进行实地考察。此前我们先邀请了湿地专家开设湿地实地考察专场讲座。初中的孩子们还从未在校园外开展这样的活动,为了避免手忙脚乱,首先还是先给孩子们进行系统的指导,其目的之二,也是为孩子们完成考察方案打下基础。安全起见,提交大型活动和师生集体外出申报表和告知家长是非常重要的,这个步骤将在准备期间同时进行。

我们用小组竞赛的方式进行了实地考察的方案设计,整合成最终版实地探究方案(详见附录4-3-1),并设计出《走近闽江河口湿地》野外考察任务单(详见附录4-3-2)。在实地考察中,我们将有湿地概况组、专家访谈组、调查问卷组、观鸟组和湿地规划组 5 个分组,每个组完成不同的任务,汇总成最后的考察成果。

在专家和老师的带领下,孩子们拿着望远镜、相机等前往闽江河口湿地,开始了本课题的中期研究过程。根据不同的分组,孩子们将完成不同的任务,考察结束后,每组同学会把考察结果总结,带来精彩的汇报课:

图 4-3-4　专家介绍湿地概况

第一组的任务是考察闽江河口湿地的位置和范围。他们运用 Google earth 软件,对鳝鱼滩湿地进行观察和测量。对于生长在信息时代的学生们来说,掌握软件的使用不是难事,在地图上,他们很快就找到我国的位置,然后放大至福建省再到福建东部沿海的长乐,最后聚焦到鳝鱼滩湿地。

　　"闽江河口湿地位于福建省的东海岸,闽江的入海口,这就是闽江河口湿地——鳝鱼滩湿地,总面积 2100 公顷,其中核心区域面积 877.2 公顷,缓冲区面积 348.1 公顷,实验区面积 874.7 公顷。闽江河口湿地的北部是闽江梅花水道,一水之隔便是长乐的琅岐岛,闽江河口湿地自然保护区东至文岭镇阜山码头,西临潭头镇文石村,南靠文岭镇阜山村,北与福建省闽江河口省级自然保护区相连,鳝鱼滩湿地是砂泥质洲滩天然湿地,是闽江河口地区面积最大的天然湿地。"

第一组的孩子们最后用信息技术手段对鳝鱼滩湿地的位置和范围进行了汇报,形式简单、语言简洁、图像清晰,特别是鳝鱼滩湿地海陆位置的叙述详尽,东南西北端图示明了,让大家对闽江河口湿地的地理位置有了直观的了解。不过比较遗憾的是,他们过于注重探究考察的知识汇报,而忽略了综合实践活动方法的介绍,如:信息如何获取、采用哪些研究方法、录屏怎么操作等等。希望下一次的活动我们能在探究方法上给予学生更多指导。

　　第二组的孩子们将对湿地研究专家——省野生动植物与湿地资源监测中心主任余希老师进行访谈。余希老师知识渊博而又平易近人,打消了孩子们的许多顾虑,比如"专家会不会对我们很不耐烦?""专家会不会觉得我们很傻?"等等。整个访谈的过程还算顺利,孩子们按照预先的计划问完了所有的问题:

　　为什么闽江河口湿地会获得这么多的荣誉呢?为什么要选择长乐鳝鱼滩湿地?为什么要特地选在 11 月 23 日这天出发呢?知道观鸟的工具和最大看点吗?

　　余希老师除了深入浅出地回答了以上问题,还给出了温馨提示,让他们的任务顺利完成。

　　实地考察后,第二组通过情景演绎的方式,对湿地情况进行了总结汇报:

　　学生 A:大家好,现在是第二组进行闽江河口湿地考察汇报。我们组负责专家访谈。首先来介绍一下专家……听完他的讲座后,我感受到他知识渊博而又平易近人,是我们学习的榜样,同时他又是《福建闽江河口湿地自然保护区综合科学考察报告》的主编。

　　学生 B:哇!好厉害哦,据我了解,在 2014 年 6 月 4 日,国务院正式批准闽江河口湿地自然保护区为国家级自然保护区,还十分荣幸地被评为中国十大魅力湿地,也成为福建省首个滨海国家湿地公园和省内面积最大的湿地公园。那么我很好奇,为什么闽江河口湿地会获得这么多的荣誉呢?

　　学生 A:这你可问对人了,我做了很详细的笔记。闽江河口湿地干扰较少,植被主要由自然演替形成,具有较完好的自然性。那里有独特的地貌,复杂的环境,丰富的野生动植物资源,是活的自然博物馆。

　　学生 B:哦。难怪闽江河口湿地被享誉为福州的肾。我们去的就是其中的一部分:长乐鳝鱼滩湿地。让我来告诉大家我们为什么要选择这里。因为鳝鱼滩是福建省最优良的河口三角洲湿地,发育最为完整、自然,是最具典型性的湿地生态系统。该生态系统为众多水鸟、鱼类等提供了良好的栖息地,是迁徙水鸟的重要驿站和庇护所,多项指标达到了国际重要湿地的标准。

　　学生 B:看!主任用书指导我们如何观鸟,还教我们鸟的习性和特征。

　　学生 A:当然,我们还找了其他专家的资料。这是省观鸟协会会长杨全。

学生 B:可是语鸣,我还是很好奇,我们为什么要特地选在 11 月 23 日这天出发呢?

学生 A:因为这天天气很好,江水涨潮,候鸟南迁。而专家告诉我们涨潮期,潮水带来大量的饵料,沉积在潮间带,鸟类会来捕食,所以这是观鸟的最佳时机!考考你,你知道观鸟的工具和最大看点吗?

学生 B:当然知道,我们要带上望远镜、照相机等装备。出发前我还了解到,闽江河口湿地处于澳大利亚鸟类迁徙路线上,是数百种珍稀鸟类的故乡,每年约有 1000 万只越冬候鸟飞临此地栖息,中华凤头燕鸥、黑脸琵鹭、东方白鹤……它们为大自然带来了无限的生机。

学生 A:当然,我们可不要忘了专家给我们的温馨提示。在考察时,我们要做好防风准备,戴墨镜,防止紫外线的伤害。我们也要跟紧带队老师,如果要做问卷等离开队伍的事要经带队老师批准。有问题举手提问,不可大声喧哗,以免惊动鸟类。同时管理好个人物品,不可随意投掷垃圾,或向水鸟喂食。

学生 A、B:感谢这次外出考察增加了我们的地理综合实践能力。

学生 B:这就是我们小组在专家访谈方面的报告,谢谢。

这组同学展示了自己对闽江河口湿地的认识,这体现了同学们对资料的搜集和整理归纳能力,还把这些认识编排成了一幕幕生动的情景剧,充分体现学生的"活动",通过课堂上学生精彩的展示,可以看到学生在教师指导下,查找的资料经过分析、归纳、整理后选用自己喜欢的方式来展示对闽江河口湿地的认识。经历这一探究过程,既有自主又有合作,学生学习能力和各种的表现能力得到一定的锻炼。而且"活动"是学生一辈子最难忘的回忆,特别是现在强调素质教育,应该多开展这种有一定知识和内容,又是身边的素材、身边的课程资源作为主题开展的实践活动。

同时,学习的兴趣和愿望,在很大程度上决定着学生的学习态度和学习成绩。学生具有好奇心,这正是追求知识的原始动力,是求知欲的萌芽。他们在日常的生活中往往会对某一事物特别感兴趣,并由兴趣发展为热爱,由热爱进一步发展为对真理的探索和追求,也由此提出各种各样看似无稽实又有深意的问题。这时,作为教师应顺应学生的心理,正确地引导他们多问的习惯,教师可作饶有风趣地讲解,并以丰富的感情色彩去组织学生的探索活动。切不可因学生提出的问题不符合教师的意图或教师一时难以解答而置之不理,甚至加以压制。

图 4-3-5 游客访谈

引导学生"好动"。九年制义务教育教学大纲提出的"变应试教育为素质教育",其实也就在于学生动手"做"科学,而不是让学生"听"科学。片面追求升学率,追求高分,把学生当成知识的容器,只能束缚学生的行动。即使有高分,但不能在实际中去加以应用和发展,这样的"人才"又能有多大的创造力呢?明悉此理,身为人师者,切莫把"好动"视为缺点,而要把学生从"静"中解放出来,并热情鼓励,耐心引导他们动手,使他们在"动"中去增长知识,去形成能力。作为一名地理教师,想一想自己是否正在学习、提高自身的业务理论水平,是否已在研究学生心理动态的发展,是否想探究构建适应新课程的地理教学方式和学习方式等。

第三组通过问卷调查的形式采访了湿地游客和附近居民。他们事先根据所查到的资料自行设计了两份问卷(详见附录 4-3-3 和 4-3-4),通过数据来了解闽江河口湿地的现状及其被破坏的原因,并呼吁民众一起参与到保护湿地的行动中来:

"我们很好奇,闽江河口湿地究竟在发生些什么?有 20％ 的人观察到了一些破坏环境的行为,如:污水乱排放,从而使得闽江河口湿地的水质遭到破坏。有 30％ 的人发现了一些鸟类迁居的现象,这是否说明这里已不适合鸟类居住了呢?有 10％ 的人观察到了一些鼠虫害严重的现象。最多的人看到了湿地变为旱地的现象。可见,湿地的破坏日益严重,可我们又能够做些什么呢?

鳝鱼滩湿地是候鸟的第一个落脚点,是观鸟的好去处。你希望将它开发成一个观鸟的旅游区吗?从调查结果不难看出,有一半的人是不希望将它开发成一个观鸟的旅游区,至于具体原因,我认为可以做进一步的调查。

那么你认为湿地的破坏严重吗？大家请看我们调查到的数据：所有人都认为鳝鱼滩湿地存在一定程度上的破坏，有10%的人认为只是轻微的破坏，我们只需稍加注意就可以了，有30%的人认为湿地的破坏只是刚刚开始，我们必须即刻保护湿地，防微杜渐。有60%的人认为湿地的破坏已经很严重了，保护湿地刻不容缓。

鳝鱼滩湿地的现状为何如此不容乐观呢？亦或者说，到底是什么原因导致鳝鱼滩湿地的破坏呢？有20%的人认为是外来物种导致了生态系统的紊乱，同样也有20%的人认为是发生了改造耕种的现象。有50%的人认为是生活与工业化废水乱排放而污染了河流。有10%的人认为是城市的扩张与政府的不重视。有最多的人认为是周边居民的保护意识不够，肆意地进行打猎和捕捞，才导致湿地的现状。

可见，保护湿地刻不容缓。那么，大家认为该如何保护鳝鱼滩湿地呢？有40%的人认为不应往周边水域排放污水。有20%的人认为应了解湿地状况并检举破坏行为。有50%的人认为应向周围人群宣传珍惜保护闽江河口湿地。

可见，湿地是需要大家共同保护的，并不是个人的奋力与群众的议论可以解决的。我想，如果水鸟在月夜下哀鸣的话，那是我们大家都不希望见到的。"

……

问题一个接一个，环环相扣，思维颇为严密，以数据说话，体现了这组学生的科学精神。学会地理调查和读懂数据是地理实践力的重要表现，孩子们通过亲身实践，提升了此项能力，相信这段经历将为以后的科研活动打下良好基础。颇有心思的是，在调查过程中，他们还拍下了视频，剪辑成一段珍贵的资料。我想对于他们来讲，这段旅程不仅是地理实践力的培养，也是综合素质的提升。

第四组根据"闽江河口湿地用地状况"这一主题开展湿地考察，并结合前期收集到的资料，进行分析归纳，汇报闽江河口湿地用地状况的变迁，并提出设计规划：

"喧鸟覆春洲，杂音满芳甸"——前面的综合实践小组向大家展示的壮观的鸟类画面，在每年10月至翌年2月都会上演！是不是在闽江河口湿地的任何地方都能看见呢？——非也！只有深入闽江河口自然保护区的核心区域才能近距离观鸟！

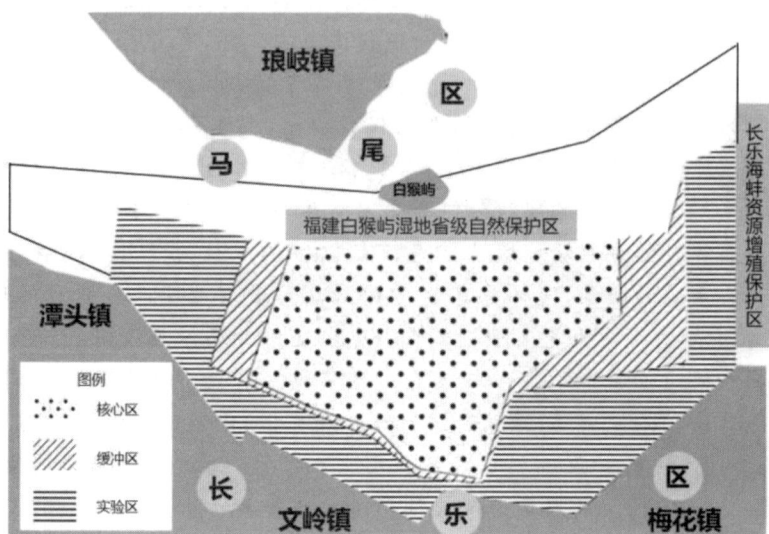

图 4-3-6　福建闽江河口自然保护区、国家湿地公园总体布局图

我们有幸得到了专家的帮助和指引，来到了福建闽江河口自然保护区、国家湿地公园核心区域，面积 877.2 公顷；绕核心区域"临海的一边之外"的四分之三分布为缓冲区，面积 348.1 公顷；外围为实验区，面积 874.7 公顷。我们可以看出，闽江河口湿地保护区属于小型自然保护区，总面积为 2100 公顷。

闽江河口自然保护区包括多种湿地类型。其中，潮间带湿地占了绝大部分，占总面积的 97.05％；河口三角洲占总面积的 1.77％；河口水域 1.9 公顷，占总面积的 0.09％；还有占地 1.07％的水产养殖场。如下图所示：

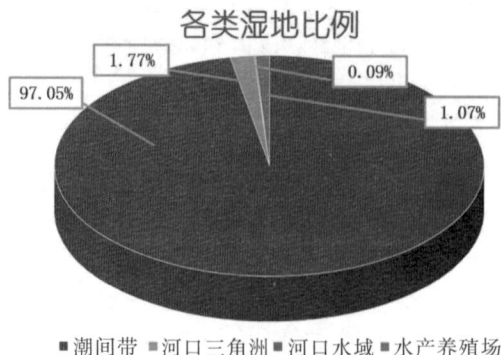

图 4-3-7　各类湿地比例

我们对照了 Google earth 中 2009—2014 年的卫星图片，发现闽江河口湿地在不同年份的些许变化。

图 4-3-8　2014 年 7 月闽江河口自然保护区 Google earth 截图

咨询了专家，也查找了相关书籍和网络信息，尝试了解其中原因，我们认为如下：

首先，近年来由于水口电站、琅岐大桥等工程的建设，使水流减缓，泥沙淤积加剧，鳝鱼滩的南部水道发育了大量新的滩涂。

其次，由金峰镇印染厂等工业排放大量废水，以及周边居民生活污水排放、船舶的漏油事故等原因，造成水质污染，导致赤潮频生，鳝鱼滩湿地面积大幅萎缩。

最后，盲目地围垦造田、开辟水产养殖区，建设码头、公路等，也使湿地面积锐减、功能下降。据媒体报道，有的在建养殖场面积超千亩。而屡禁不止的非法采砂活动会造成海水的倒灌入侵，使原来的淡水生态发生变化。

湿地的萎缩现象让我们无比担心，好在相关单位的整治与开发措施让我们看到了希望。互花米草的入侵并迅速繁殖蔓延，至今面积已达120 多公顷，极大地破坏了湿地生态安全，侵占了湿地水鸟在高潮位时的栖息地。

图 4-3-9

互花米草——外来物种"喧宾夺主"

图 4-3-10

互花米草生长与防控示范区

近年来，湿地自然保护区积极拓展与科研单位、大专院校的合作。例如，与福建师范大学地理科学学院、省林科院合作开展互花米草综合防控技术。

在湿地考查的现场，我们看到了挖掘机在实验区内划定地块，采取了围堰、水淹等措施彻底根除互花米草。

合作与开发，让湿地走得更远。湿地自然保护区管理处还借鉴了香港米埔自然保护区的成功做法，在互花米草治理后的区域内规划建立鸟类调节区，有序有限制地在水鸟非集中活动时段（即 4 月至 9 月），采取季节性水产养殖，确保不影响水鸟迁徙、栖息等活动。此外，实施了湿地水禽栖息地保护与恢复工程，筑起了自然保护区的实验区与核心区、缓冲区之间的人工屏障，减轻了人类活动的干扰。2010 年 3 月 26 日，福建省批准了《福州市闽江河口湿地自然保护区管理办法》（草案），将湿地保护的工作推向了新的高峰。为了更好地保护与开发湿地资源，长乐闽江河口湿地自然保护区管理处邀请国内数家知名设计院，对湿地进行整体规划设计。2008 年 11 月，长乐闽江河口国家湿地公园正式获批。湿地公园由天然湿地保育区、湿地生态养殖区等 5 个景区组成。湿地公园将成为自然保护区一个重要的外围保护地带。

现在已建成主体部分的长乐湿地博物馆，是展示湿地保护区保护成果，开展湿地科普教育、科学研究及标本收藏的重要场所。现已启动建设的湿地公园巡护步道，全长约 1700 米。木栈道主要

图 4-3-11　师生认真听讲解

经过湿地保护区的外围和非核心区,很长一部分栈道是利用现有堤坝建设的,不会对湿地越冬鸟类造成影响。另设观鸟屋3座。观鸟屋将根据鸟类活动的规律,采用双层仿木结构建筑,内设望远镜等观鸟设备,可用于湿地鸟类的监测和生态旅游观光。

长乐将尽快完善各种配套,把闽江河口国家湿地公园打造成4A级景区。当时余希主任告诉我们,3年后闽江河口湿地将申报国际重要湿地。让我们拭目以待湿地的明天更美好吧!

正如该组同学所说:"湿地对于大多数在校学生来说,是一个陌生的生态系统。在这次实地调查活动中,我们脱离枯燥乏味的文字资料,真正身临其境,体验湿地。"深入闽江河口湿地考察的种种收获,是书本上、课堂中、学校里不可企及的。通过本课题的实地调查和总结汇报,学生们体验了探究过程与方法,亲身体验的同时又积极调动学生深入研究相关理论背景知识,培养学生的观察能力、动手能力、创新能力和实践能力,以及合作精神与团队意识,充分释放学生的潜在能量,挖掘他们的探究潜质。

不可忽略的一点,课题的调查过程和总结汇报,也提高了教师的实践教学能力和地理教学素养,教学相长。

当然,在汇报课的汇总资料和筹备展示过程中,我们也感觉到一个小组中不同学校学生之间的沟通还不够通畅;一些学生湿地考察的参与热情高,但汇总资料和深入探究的后期提升过程没有耐性,课题研究能力止于表面。教师可以针对这些现象进行反思和探讨,以提升自身的实践指导能力。

第五组的任务是湿地观鸟。他们在专家指导下学会使用高倍望远镜和长焦相机对鸟儿们进行观察,记录下观测到的水鸟数量和种类。他们从生态系统的角度切入,提出保护湿地的建议:

湿地鸟类是湿地野生动物中最具代表性的类群,也是湿地生态系统的重要组成部分,其数量和种类灵敏和深刻地反映着湿地的健康状况,所以观鸟是最便捷的鉴定方式。

我们前往的是福建闽江口鳝鱼滩湿地,福建闽江河口湿地自然保护区位于东亚——澳大利亚候鸟迁徙通道的中间地带,由于其特殊的地理区位和良好的生态条件,成为候鸟迁徙的重要驿站、越冬地和庇护所,在华南地区具有重要代表性。

11月23日,风和日丽,在资深专家——余希主任的带领下,我们来到了福建闽江河口湿地自然保护区。

这是我们沿途看到的湿地风光,芦苇茂盛,远处鸟儿飞翔。

那日是初一,正是涨潮时分,海水将鸟儿的食物上翻到离我们更近的地方,使得鸟儿也会向岸边飞近,便于我们观察。专家现场用高倍望远镜、长焦照相机等观鸟设备来指导我们如何进行观察,通过颜色、大小、形态观察不同种类的水鸟。

在专家的指导下,我们学会如何使用观鸟仪器。在望远镜中的鸟儿成群结队、形态万千,时而展翅翱翔,时而敛羽远眺,时而低头觅食,时而嬉戏打闹。我们看到了许多从前未见过的珍稀鸟类,有黑脸琵鹭、普通鸬鹚、白鹭等。我们在观测之余,也不忘统计出了数据。在观测区域5分钟内我们观测到了大约50只鸟类。同学们纷纷对观测到的数量和种类做好记录,留下来之不易的痕迹。

为了更深入地了解候鸟与湿地的情况,我们与专家交流,访谈,并做好记录。从专家的话语中,我们得知,闽江河口湿地是各湿地中唯一不会在涨潮时淹到的地方。现闽江河口湿地禁止开发、利用,仅用于生态文明教育与观鸟。在观鸟时,对于候鸟的习性,我们要学会尊重,尽量保持安静,不打扰鸟儿,不可破坏候鸟的生活环境。

我们由衷地希望,湿地能得到保护,为此,我们大力宣传,让我们做到以下几点:

(1)加强湿地类型自然保护区建设,切实保护好湿地野生动物资源。

(2)采取综合措施加强湿地保护、管理力度。

(3)加强湿地管理,应该建立统一协调机构。

(4)从身边的小事做起,保护环境,宣传湿地知识。

同学们,让我们行动起来吧!

图 4-3-12　湿地观鸟掠影

图 4-3-13　中期汇报现场

湿地考察回来后，学生们根据任务的不同，对考察过程分别作了汇报。在汇报之后，最终完成了闽江河口湿地保护图标和保护闽江河口湿地倡议书的制作。

一、闽江河口湿地保护图标展示

第一小组制作的图标（图 4-3-14）绘制了山、水、树、鸟等元素。蓝色波浪状代表闽江河口孕育生物多样性的湿地水域；绿树代表湿地覆盖的植被如：红树林、短叶茳芏等，这棵树枝繁叶茂、根系繁多说明闽江河口湿地生态较为平衡，有一定的净化水源、净化空气、调节气候的作用；树上停靠的黄色小鸟和空中飞翔的蓝色鸟类说明闽江河口湿地生态环境较好，是鸟类的天堂，为鸟类迁移提供中转站，图中情境可见鸟类能在树丛草丛中觅食嬉戏。整个 logo 呈现闽江河口湿地为"地球之肾"的美誉，希望更多人接受"湿地，我们的家园"！

图 4-3-14　第一小组图标

第二小组的图标(图 4-3-15)颇具时尚感(左边起第一个):"TRIP"是旅行的意思,希望所有人都树立起保护水鸟的意识后,就再也不用专门为它们建立保护区了,反而可以划入旅游景点,让人们看看真正的自然风景,和鸟儿们亲密接触,我们与动物们之间就将再也没有隔阂。

左边起第二个:"GREEN"是绿色的意思,沼泽地的自然风光无限地好,放眼望去一片绿色,还有各种各样的花草树木,非常漂亮。也希望市区和城市不要忘记生态化,要把绿化放在第一位,这样不仅可以净化空气还能做到美观,一举两得。

最后一个:"BIRDS"是鸟类的意思,顾名思义,湿地的鸟儿可不少。看着一群群水禽悠闲地游过,总是思绪万千。为什么我们一走近鸟,它们就见了鬼似地飞走?不论在科学方面是怎么作解释的,我认为这就是因为鸟儿们害怕,担心我们伤害自己。希望与它们成为好朋友,彼此看懂对方的心。

图 4-3-15　第二小组图标

第三小组的图标(图 4-3-6)中间是一只水鸟，两边用蓝色的线条勾勒出了水鸟的翅膀，象征着自由，也象征着湿地对水鸟的重要。水鸟的翅膀又像是两只呵护水鸟的手，托住水鸟，我们希望人类能够保护湿地，保护水鸟。我们的口号是：protect wetland，protect the birds！

图 4-3-16　第三小组图标

第四小组图标(图 4-3-17)背景的天蓝色表达了我们对蓝天的渴望，点缀在上面的鸟儿则为碧蓝的天空增添了一抹亮色。下方的一片绿象征着我们此行的地点——湿地，而上面的淡色说明了在人类的破坏下，我们的湿地正遭受着前所未有的打击，表达了我们想要保护湿地的愿望；上面的文字：湿地——人类与自然和谐的家园，说明了我们的生活与湿地息息相关，不能忽视湿地。

图 4-3-17　第四小组图标

第五小组的设计意图(图 4-3-18)是：蓝色的水域代表了为多样性生物提供生存空间的闽江河口湿地；一丛绿草代表了湿地丰富的植被；飞翔的水鸟代表了湿地繁多的生物。他们的存在构成了人间圣地——湿地。标志下方的双手表现出保护湿地的主旨，双手托起一方水土，呼吁人们关注湿地，唤醒忧患意识，并行动起来，用实际行动保护湿地环境；标注着"关

图 4-3-18　第五小组图标

爱湿地，保护家园"的蓝色环带代表了洁净的天空和环保理念，呼吁人们关爱湿地，保护家园，永葆湿地的洁净和蓬勃生机。

二、湿地保护倡议书

亲爱的同学们：

闽江河口湿地风景秀丽，成群的飞鸟，美丽的植物，让观者赏心悦目。可是令人难以想象的是，它竟处在危机之中。相信同学们或多或少都了解过这片湿地。通过闽江河口实地的湿地考察，结合各类资料，我们深有感

触。为了闽江河口湿地的保护和可持续发展,由此,我们郑重地向同学们倡议:

(1)认清当前湿地保护形势的严峻,加大对于闽江河口湿地的生态环境的保护力度。

(2)积极宣传闽江河口湿地,使其生物的多样性和重要性得到人们的重视。其中,对于青少年的宣传,一定要万分重视。

群众的力量是巨大的,发动群众保护湿地迫在眉睫。为了让闽江河口湿地存在问题受到更多人的重视,我们应该向更多人宣传这片湿地,宣传湿地里生存的珍稀生物。

(3)成立专门的清洁小队,及时打扫湿地里的垃圾,避免污染珍稀生物的生存环境。

从同学们搜索的资料中我们得出,人为抛弃的垃圾正在逐步污染湿地。湿地环境的卫生尤其需要重视。成立清洁小队,可以达到及时扫除湿地垃圾的效果,还给鸟类一个清洁的家园。

(4)有秩序地组织观鸟活动。

在不破坏湿地的条件下组织观鸟活动,让人们进一步接触湿地,感受湿地,也加强了人们保护湿地的意识。

(5)鼓励市民参加湿地义务保护工作,也使人们能加强保护环境的自觉。

(6)成立相关的湿地保护条款,制定相关的罚款条约。

保护湿地刻不容缓,制定相关的罚款条约,让湿地保护得到落实,让人们更加注意保护湿地,珍惜湿地,也是最有效的措施了。

作为新时代的学生,我们应当加强提高保护湿地的意识,鼓舞更多的人加入到我们的队伍中来,一起为保护湿地、保护珍稀生物贡献自己的力量。

保护环境,刻不容缓!保护地球,从我做起!

在德育为先、能力为重、关注时代、减轻负担的新课程理念背景下,初中地理新课程标准明确指出,地理课程应着眼于"学生实践能力的培养","充分重视校内外课程资源的开发利用"。面对新课标要求,中学地理教师必须转变教育观念,加强学生地理综合实践能力的培养。开展多种形式的地理实践活动,建立课内与课外相结合、理论与实践相联系的新的教学体系是当前全面实施素质教育、培养全面发展的一代社会主义建设者的需要。

课题"走近闽江河口湿地,培养中学生地理综合实践能力"历时两个春秋,虽然辛苦,牺牲了课题组成员大量的课余时间,但收获颇丰。这场保卫战打出了家国情怀,打出了天地和谐。我们看到了孩子们给我们展示的汇报课例、宣传图标和倡议书,惊叹于他们的创意和能力,但这仅只是冰山一角。我们见证的是孩子们的内在成长,遇到困难时的互相支持和永不言弃、解决问题时的沟通协调和团结协作能力以及对他人和社会的责任感。当我们把个人命运和自然这个大环境相联系的时候,"道"便开始真正运转,这才能真正做到可持续发展。

图 4-3-19　闽江口鳝鱼滩湿地活动合影

附 4-3-1　"走近闽江河口湿地,培养中学生地理综合实践能力"实地探究方案

一、意义和目的

(1)深入闽江河口湿地实地探究,对湿地的功能、动植物资源、景观、水质、湿地的开发与保护开展调查,增加对湿地的认识,并在实践活动中形成合作互助的精神以及解决实际问题的能力。

(2)通过参与处理鳝鱼滩湿地的海漂垃圾和互花米草等活动,号召中学生积极行动起来,参与到力所能及的湿地保护实际中,同时培养学生热爱家乡保护环境的情感,形成可持续发展的生态文明观念。

二、时间安排

参考 2014 年 5 月 22 日三校初期汇报提供的湿地考察方案,经咨询专家意见,拟定 11 月 23 日到鳝鱼滩湿地实地考察。

三、活动成员

福州十六中、福州时代中学、福州英才中学三校综合实践活动小组及指导老师。省动植物与湿地资源监测中心余希主任等专家。

四、活动形式

(1)设计湿地环保标语;

(2)由专家带领,参观长乐湿地博物馆,深入湿地核心区近距离观察迁徙鸟类,实地考察湿地动植物资源、景观、水质等;

(3)分组参与湿地周边用地调查、湿地周边污染源调查、处理海漂垃圾和互花米草等活动;

(4)资料的记录收集、整理分析。

五、前期准备

(1)走访省林业调查规划院余希主任,并邀请其做学术指导,并提供深入鳝鱼滩湿地核心考察的各项帮助。

(2)了解潮汐的涨落时间及天气状况。

(3)带好观测仪器(一定距离的观鸟设备)和防护药品,做好防晒防雨措施。

(4)三校活动指导老师碰头,探讨外出车辆安排及配套安全措施、指导教师组成及其任务分工、负责活动拍摄记录的人员。

六、活动具体过程

(1)活动路线:十六中—鳝鱼滩湿地核心区域(长乐潭头镇)。

(2)设计方案及分组活动安排:

①为了对湿地景观、物种分布及目前对湿地保护已采取措施有宏观的了解,先行参观长乐湿地博物馆,并做好记录。

②到观鸟屋里了解闽江河口湿地的鸟类资源展板,在观鸟屋附近请余希主任指导观鸟,利用自己的观察设备及主任提供的高倍清晰的观测设备。做好笔头及影像记录。

③为了使湿地的调查和保护方案具有分工性、针对性,探究小组成员分成四组,分别参与动植物资源实地调查、互花米草的清理、湿地周边用地调查、湿地周边污染源调查等,同时处理海漂垃圾。选学生代表 10 人跟随余希主任乘船进入湿地核心区,近距离观察,收集第一手观测资料。

（3）午餐安排：带队老师组织用餐。

（4）返校汇总、分析湿地考察收获,进行中期汇报——展示实地考察成果,包含考查收获及提出保护建议。

七、安全教育及措施

在活动期间,学生分成三个小组,选一组长,每组由两名老师负责,老师、组长要有各组组员手机号、家庭电话,组长负责点名,并联系还没到位的组员。(强调交通安全,上下车安全、活动安全、饮食卫生等安全)

专人专职：

（1）安全管理：陈白、余碧珠、张玲蓉、林灵(负责活动的安全、用餐、交通事故紧急情况处理)。

（2）后勤保障：李燕(负责经费、后勤保障)。

（3）医疗保障：陈凌、赖泽宇(负责途中生病、紧急救护)。

附 4-3-2　《走近闽江河口湿地》野外考察任务单

学校_____　班级_____　姓名_____

【湿地考察目的】培养地理综合实践能力,促进闽江河口湿地的可持续发展。

【湿地考察地点】长乐鳝鱼滩湿地。

【湿地考察任务】

1. 专家讲座,记录考察关键内容及注意事项

2. 湿地观鸟和调查

● 访谈专家、当地居民或游客(每小组访谈 5 人)

● 问卷调查(每小组派发并回收 10 张问卷)

● 选定一块区域进行观鸟,并填写观鸟记录

观测地点:

观测日期:

记录者:

观测者:

天气情况:

观测装备:

环境描述:

鸟种记录:共　　　　种,分别是:

该区域 5 分钟内观测到的鸟类数量:共　　　　只

● 调查鳝鱼滩湿地土地利用状况,并绘制"土地利用统计图表"(可绘制饼状图、折线图或柱状图等)

● 设计湿地保护口号或宣传图标(每小组 2～5 个)

● 拍照(每小组上交 5 张关于本次活动的照片,题材不限)

● 请绘制"鳝鱼滩湿地简图"

【湿地考察心得】(200～300 字)

附 4-3-3 问卷调查一
福州闽江河口湿地保护的问卷调查

　　忆往昔,闽江边红嘴鸥翩翩起舞,黑脸琵鹭悠然自得,白鹭展翅高飞……,我们多么希望与鸟儿们共享自然啊!可是举目四望,映入眼帘的是一片片灰色森林,绿色已不再属于这片土地,我们为何没有这份幸运呢?因为人类正在一点点地蚕食地球三大生态系统之一——湿地。

　　水生环境和陆生环境的双重特性,使湿地成为全球最有价值的生态系统。它是富饶的物种基因库,陆地上的天然蓄水库,排污净水的过滤网,同时还为人类生产生活提供多种资源。人们将湿地称为"地球之肾"。在人们日益关注自身的健康时,不要忘了保护"地球之肾"!请快快加入我们的行动吧!

1. 你知道以下哪些是湿地?

　　珊瑚礁□　　滩涂□　　泥泞的草地□　　红树林□　　潮湿的洞穴□

　　沼泽□　　在城市中的绿化带□　　江、河和季节性的河流□

　　水库、池塘、水稻田□　　盐碱滩□

2. 您了解湿地在建设过程中影响程度怎么样?

　　只是一些轻微的影响,加强保护意识就好□　　保护得非常好,不需要瞎操心□

3. 您认为现在湿地破坏的主要原因是什么?

　　周边居民保护的意识不够,进行打猎、捕捞□　　城市的扩张□

　　蓄洪抗旱□　　调节气候□　　保护生物多样性□　　净化环境□

4. 湿地的类型主要有哪些?

　　沼泽湿地□　　湖泊湿地□　　河流湿地□　　浅海滩涂湿地□　　人工湿地□

5. 湿地有哪些重要的经济效益?

　　为人类提供平坦且易于开发的土地资源□

　　为人类提供丰富的野味和药材□

　　地下有丰富的矿产与石油□　　为人类提供淡水□　　水运价值□

6. 我国加入《世界湿地公约》了吗?

　　加入了□　　没有□　　不知道□

7. 您知道以下的中国湿地吗？

    东北沼泽湿地□　长江中下游湿地□　杭州湾北滨海湿地□

    杭州湾以南沿海湿地□　云贵高原湿地□

    蒙新干旱、半干旱湿地□　青高原高寒湿地□

8. 你知道以下哪些是湿地的美称吗？

    生命摇篮□　地球之肾□　鸟类乐园□　生物储水库□

9. 闽江口有哪些著名湿地？

    马杭洲□　鳝鱼滩□　道庆洲□　蝙蝠洲□　浮岐洲□

    浦下洲□　新垱洲□

10. 福州闽江河口湿地有哪些类型？

    红树林□　草洲□　沙洲□　滩涂□

11. 福州市的湿地有什么特征？

    面积较大□　种类多□　一个湿地大市□

12. 福州闽江河口湿地已进行了哪些开发利用？

    大型娱乐城的吹沙造地□　大型新社区的建立□　滨江度假村的动工□

13. 福州闽江河口湿地正在发生什么现象？

    污水乱排□　鸟类迁居□　鼠、虫害严重□　湿地变旱地□

    围垦造田断水源□　湿地面积减少□　水道变窄□　物种减少、灭绝□

14. 国家一级保护鸟类——朱鹮在福州的鳝鱼滩落户，你认为这是真的吗？

    是□　不是□

15. 鳝鱼滩是候鸟在闽江口的第一个落脚点，是观鸟的好去处。你希望把它开发成一个观鸟的旅游区吗？

    希望□　不希望□　无所谓□

16. 把橘园洲建设为一个升值潜力巨大的房地产开发区，你的看法是：

    有好处□　重大失误□　很向往□　无所谓□

17. 您认为湿地与您的切身关系密切吗？

    很重要□　还好□　一般□　似乎没多大关系□　根本没感觉□

18. 您认为现在福州闽江河口湿地破坏严重吗？

    很严重，应该立即治理□　刚开始，需要注意□　重视□

    由于工业和生活废水污染河流所造成的间接污染□

    进行改造，进行耕种□　荒漠化进军而被吞没□

    外来物种入侵，导致生态系统的紊乱□

    其他：＿＿＿＿＿＿＿＿＿。

19. 您认为人类对湿地的破坏，罪魁祸首的是：

　　周边素质不高的农民□

　　排放污水的工矿企业□

　　利用湿地搞建筑的房地产开发商□

　　重视不够的当地政府□

　　入侵的外来物种□

　　无法抵挡的荒漠化□

20. 您知道世界湿地日是几月几号？

　　2月2日□　3月3日□　4月2日□　5月2日□　6月2日□

21. 您认为保护闽江河口湿地难以落实的主要原因是什么？

　　居民素质不高□　政府不重视□　与经济发展产生矛盾□宣传不够□

22. 你能为保护闽江河口湿地做些什么？

　　多了解福州湿地状况□

　　向周围人群宣传珍惜闽江湿地□

　　积极向当地政府献计献策□

　　检举破坏行为□

　　不往周边水域排放废弃物□

　　感谢您对湿地的关心和保护，请继续支持"闽江湿地使者行"这个活动。

附 4-3-4　问卷调查二　闽江沿岸居民的问卷调查

　　本份问卷采用不记名方式，其结果仅用于学术研究，不会透露个人隐私，请您放心回答。

一、基本资料

1. 您的性别（　　）。

　　A. 男　　　B. 女

2. 您的职业（　　）。

　　A. 农民　　B. 渔民　　C. 个体经营者　　D. 教师　　E. 其他

3. 您家的三项主要收入来源(由高到低排序)(　　)。

　　A. 种植业　　　　　　B. 养殖业(水产)　　　　　C. 工资收入

　　D. 外地打工收入　　　E. 经营性收入　　　　　　F. 其他

4. 您家庭的月收入约(　　),有＿＿＿＿＿％来自种植(养殖)业。

　　A. 3000 元以下　　　　B. 3000～5000＿＿＿＿　　C. 5000 以上

　　D. ＿＿＿＿＿(填写)

5. 您的文化程度是＿＿＿＿。

二、具体问题

1. 您认为江岸周围的植物或动物与 10 年前相比有什么变化(　　)。

　　A. 少了　　B. 没什么变化　　C. 多了

　　原因是(　　)。(注:上题选 A 填此题,选择其他不答此题)

　　A. 水源污染　　　　　　B. 种植(养殖)业结构调整

　　C. 大量捕杀　　　　　　D. 其他＿＿＿＿

　　原因是(　　)。(注:上题选 C 填此题,选择其他不答此题)

　　A. 水源污染减少　　　　　　　　　B. 退田还湖

　　C. 动植物保护措施加强　　　　　　D. 其他＿＿＿＿

2. 您有没有接触过什么环保宣传(包括政府)(　　)。

　　A. 有　　　B. 没有

3. 如果政府对当地的江河湖泊进行保护(例如限制养殖等)对您的家庭会
　　带来什么样的影响?

　　如果是经济上的影响,那么最多能承受＿＿＿＿元的损失。

　　您会(　　)　　　　　A. 支持　　B. 不支持　　C. 看看再说

4. 您认为闽江的水质与 5 年前相比(　　)。

　　A. 差了　　B. 没什么变化　　C. 好一些

　　您认为水质变差的原因是(　　)(上题选 A 项回答此题,可多选)

　　A. 工业污染　　　　　　B. 养殖业的污染　　　　C. 农田用水污染

　　D. 旅游污染　　　　　　E. 生活污染　　　　　　F. 其他

　　您认为水质变好的原因是(　　)(上题选 C 项回答此题,可多选)

　　A. 水面水草恢复　　　　B. 工业污染减少

　　C. 养殖污染减少　　　　D. 污染治理工程　　　　E. 其他

5. 您认为永久性河流湿地是(　　)。

A. 河流及其支流、溪流、瀑布的范围内

B. 有水生植物的任何地方

C. 有水的地方

D. 其他

6. 最近十年您家或您家附近有没有遭遇大的自然灾害( )。

A. 有　　　B. 没有

(上题选 A 项回答此题)主要灾害填入表 4-3-1。

表 4-3-1　主要灾害

灾害性质	旱灾	涝灾
次数、时间		
如何处理灾害		
灾害情况描述		

7. 与以前相比,现在闽江人工养殖的种类有什么变化?

8. 与以前相比,现在闽江野生鱼类的种类及数量有什么变化?

9. 您家自留地或宅基地是经围湖造田/建房的吗? ( )

A. 是　　　B. 不是　　　C. 不清楚

(上题选 A 项回答此题)_____年开始围湖的?

10. 您觉得为了保护湿地而遏制开发新土地,而转向新的水利工程,这值得吗? ( )

A. 当然值得　　　　　　　　　B. 无所谓

C. 看看对自己的影响再说　　　　D. 坚决反对

　　谢谢您的回答。您所提供的资料和建议将对我们调查闽江湖泊的情况带来很大的帮助,再次感谢您对我们的支持和厚爱!

第四节　探秘丹霞,问道山水间

读万卷书,行万里路。身体和心灵,总有一个要在路上。近年来,随着政策的推行,集体组织带有学习任务的放飞课堂、拥抱自然的研学旅行开始走进校园。这对于培养学生的综合素养是一大利好。在我看来,实践是学习的最有效方式,特别是对于我所任教的地理学科,研学旅行让学生们投入真实的自然和人文情境,欣赏秀美山水,感受自然和谐,探访名胜古迹,探寻人文之美,这使学习更真实、更生活化,既能够将课内知识通过实践得以巩固和迁移,又能够增强学习的体验感,使学习有趣、有用、有效。

2014年4月,教育部基础教育一司司长王定华首先提出了研学旅行的定义:研究性学习和旅行体验相结合,学生集体参加的有组织、有计划、有目的的校外参观体验实践活动。从这个定义中,我感受到作为教育活动的研学旅行跟普通旅行的区别。第一,研学旅行强调"研",带有探究的意思,需要经历"发现问题—解决问题"的过程;第二,它以集体为单位,在团队互助中学习和培养集体主义精神,切合我国的文化;第三,它是实践体验,重过程,重全身心的调动,从做中学,而不只是在理性层面的知识获取。所以研学旅行不仅仅只是开阔眼界那么简单,因为有了研究过程,它能培养学生善于提问、勤于思考的研究精神,学习如何在生活中解决问题;因为有了集体出行,它能提高学生的团队协作意识、沟通能力,健全学生人格发展;因为需要动手实践,它有助于学习力和实践力的提升,塑造学生独立自主、积极自信、不怕困难的意志品质。研学,不止于"学",还有更多隐性作用,它注重体验,能够激发学生的兴趣和创造力,在有形无形中强化了学生爱家爱国爱自然之情。

作为一名有情怀的地理教师,怎能对研学旅行不感兴趣?当然经过对培养学生地理实践力的多次探索,我发现想在课堂外上一门单纯的地理实践课,是很难办到的,因为想解决实际问题,本就需要多学科的知识,地理实践力的提高也受到学生综合素质的制约。我越来越感受到综合能力的重要性,将学科知识割裂是不可取的,学科融合才是大势所趋,本来地理学科也是综合性的。所以我的教学理念需要更开放一些,不再只针对自己的学科,而要包罗万象,否则就显得我太小气了些。

由于工作调动,2019 年我到一所初中校任职,这个学校的生源比较复杂,多数学生来自外来务工人员家庭,他们的自主性较差,对学习信心不足,能力欠佳,学习成绩不够理想,但学生们活泼好动,精力旺盛,对课外活动的积极性高,因此我想尝试带领这帮孩子去研学,看看能否对他们的成长有所助益。

图 4-4-1 聆听专家讲座

在学校的大力支持下,我们组建了研学导师团队,包含了多学科的老师,同样以课题的方式开展活动,课题"思政视域下初中生研学实践教育策略研究"应运而生。我们首先通过对学生的综合考量,选出了初一、初二各 50% 的学生,组织他们聆听多次指导学生科学实践获奖的教育专家张群林老师的讲座《八闽研学路在何方?》并参与互动,帮助学生初步感受研学旅行的趣味性和活动意义;紧接着开展研学知识竞赛,根据学生在多科综合问卷上的表现,选出 60 名较优秀的学生,参与最后的研学旅行活动。关于旅程的线路和食宿安排,学校通过三家竞标的方式,选择经验丰富的读行学堂文化旅游公司协助落实。

图 4-4-2　泰宁研学之旅

本次研学的目的地泰宁是中国亚热带湿润区发育到青年期的山原—峡谷组合式丹霞，丹山碧水、奇洞异穴、森林茂盛的罕见美景！生动直观的地貌景观，历史悠久的古老重镇，奇妙的自然景观和浓厚的人文气息交织，是研学旅行的胜地。这次研学，我们想通过让学生实地观赏丹霞地貌的神奇景观，感受到自然界的雄伟壮观，地质演变复杂而有趣，同时通过集体食宿和团队活动的方式，培养学生的协作能力和积极面对问题、解决问题的能力。在出发之前，老师们和研学导师们共同商定了研学线路和任务设计，采用设置任务卡的形式，以问题带动学生边游、边研、边学。

图 4-4-3　破冰团建活动

　　研学旅行的形式本身就很吸引学生,加上先前对泰宁神秘气氛的渲染,学生们对这次泰宁之旅充满好奇和期待。虽然选择寒冬出行,但还是挡不住孩子们火热的心。虽然研学形式魅力十足,但要开展好研学旅行活动,让学生真正受益,关键在于研学设计。

　　参与本次研学的学生来自不同的年段和班级,为了增加团队的默契度,我们首先设计了破冰任务,让学生之间互相了解,增加信任感,以增强团队在整个研学过程中的默契,让研学任务更顺利地进行。在研学的主体部分,我们以任务来驱动,例如,在探索寨下大峡谷时,我们总共设置了 9个关卡,分别是:

　　任务一:听研学导师讲述三神庙的故事,感受中华民俗之美,回答"三座庙敬奉的神位分别是谁?"以及敬奉他们的理由。

　　任务二:点赞水的力量。调动我们的五感,观察悬天峡上面、下面的形状、植被特点,聆听峡谷中的响声,触摸感受石壁的软硬、粗细,听导师讲解线谷、巷谷、峡谷的基本定义,沿途寻找线谷,在任务卡图上注明它们的位置和走向,猜想线谷形成的原因。

图 4-4-4　观察岩壁

　　任务三:驻足"水流侧蚀"处,观察岩壁的底部形状,岩壁的形状,猜想这里曾经发生过怎样的地质运动,讨论推测"悬天峡是怎么形成的?""悬天峡的崖壁为什么是倒悬的?"

　　任务四:观察"笋榨",讲述或者猜想笋榨的工作流程,体会古代劳动人民的智慧。

　　任务五:丈量洪荒之力。观察通天峡路边的巨大石块,猜想它们的来历;观察堰塞湖,猜想它的成因。

　　任务六:植物的手信。一路上有许多标志:毛竹群落、方竹群落、

图 4-4-5　学生们在分组讨论,完成任务

长叶柽群落、星毛冠盖藤、桫椤群落外,还有花榈木、龙须草、檵木等,分辨一下哪些是以前见过的,哪些是没有见过的?回顾刚进悬天峡时植被的生长状况与峡谷里面的植物生长情况以及与倚天峡里的有何不同,想想可能是什么原因造成的,你觉得这里告诉了我们什么故事?猜想峡谷里的植被今后会怎样发展变化,理由是什么。

任务七:穿越时空隧道。走在小溪边,感受倚天峡,有哪些地方比较特别?寻找红色土壤,看看它的分布范围,讨论分析其形成原因。用不同颜色的橡皮泥演示地层的沉积。

任务九:自己动手搭灶生火,并包饺子。

任务不多,但每个都对孩子们的体能和知识背景有一定要求。完成任务的过程中,孩子们既要坚持走完全程,还要边走边观察、边思考,消耗的精力可不少。想要顺利完成任务,不仅需要独立的探索,还需要团队的相互配合。有的任务一个人无法完成,但如果团队成员不懂合作,完成起来也不容易。所以在这个过程中,团员们因为有了共同的目标和任务,就必须相互沟通和配合,团队的凝聚力也慢慢在增加。

图 4-4-6　自己动手生火做饭

　　研学的过程带有很多挑战,有很多不确定因素,谁也不知道下一秒会发生什么。也正是这样的旅途,才会引发学生的好奇,在各种有趣任务的驱动下,孩子们全身心投入,感受大自然的鬼斧神工,鼓起勇气与人交流,想方设法完成任务。我想,研学的收获已经大大超过知识的获取。美丽的泰宁山水,诉说着丹霞的故事,而泰宁研学之旅,带我们去感受天地形成之道。

　　行于山水,道由心生。丰富的是经历,浸润的是灵魂。泰宁研学让他们感受太多。

　　　"在第一天研学活动中,我们的队伍最快完成任务,但是最后因为队员之间配合失误,导致我们最后找队员找了不少时间,万幸的是我们最终还是找齐了所有队员,并第一个完成任务,在这次活动中,我们也都深刻认识到了团结合作的重要性,在接下来的团队活动中我们也都稍有进步。剩下几天我们去了泰宁的著名景点,学习了不少关于生物、地理、历史方面的知识,拓展了我们的眼界,使我们看到了许多城市中不可能见到的事物,亲近了大自然,让知识和自然相结合,做到了真正的读行结合!"

孩子们爱上了这样的学习方式,也爱上了大自然:

　　　这条路的"奇"与"怪"莫过于它的"美"。与其说这是一条路,更不如说这是我们的世界与另一个世界沟通的桥梁。这是因为那些不断从山谷中路蹦出来了的植物,只见一波又一波的绿色展现在我们的眼前。而绿中也似乎有些异类,有红的、黄的、棕蓝的,毫不吝啬地刺激你的眼球,点缀你的眼帘,使你开始沉思,幻想。想着自己也是一株竹子,在这静静地看着,仿佛早已融为一体。……在那里,人类的踪迹已经几乎没有了,只剩下一条条的道路,只见一阵微风吹过,眼前便是一片流动的海洋,就连空气也和这片流动的绿结合了起来。……这勾起了心中的仅存的一点对大自然的向往。我不禁感叹:现代科学是一把双刃剑,我们在享受现代科学给我们带来的福利时也要多去看看,多去欣赏。毕竟那大自然才是我们最开始的归宿,也许,这样的返璞归真才更有意义呢!"

看着孩子们写下的感受,我想不用多说就能够感受到他们内心的喜悦,亲身经历就是最好的素材。这就是研学的魅力所在吧,不用说太多,用几个问题就能点燃他们的连锁反应,一个火星就让思想开出最绚烂的火花。

第五节　访古制茶,感受生活之道

泰宁研学的人文历史魅力,体现在制作擂茶的过程中,这也是让我印象颇深的一个环节。

擂茶可以说是至今保存的最具原始形态的饮茶方式,也被称为中国茶文化中的"活化石"。在探秘丹霞神秘之旅中,孩子们体验了一把擂茶的乐趣。在一天辛苦的旅程后,孩子们将要了解擂茶的制作,品味当地民俗。对于擂茶这样的客家特色,在福州可不多见,很多孩子甚至是第一次听说。新鲜事物引起了孩子们的好奇,他们兴致勃勃,又打起了精神。"擂茶是什么?""擂茶怎么做?""擂茶好喝吗?"……带着各种疑问,孩子们认真听起讲解并观看擂茶的制作过程,他们及时记录,生怕错过重要信息。

图 4-5-1　同学们体验了擂茶,用白芝麻、薄荷叶、陈皮等材料擂出了自己的第一杯茶

泰宁客家擂茶已经有1000多年的历史,据说客家先民在流迁过程中,艰辛劳作,容易"上火",为防止"六淫"致病,经常采集清热解毒的青草药制药饮,南方可供采用的药草很多,"茶"就是其中的一味。后来又有人在药

饮中添加食物,便改良成乡土味极浓的家常食饮。客家人素有饮茶的习惯,在客家人的日常生活中,擂茶甚至还是其主食之一。无论是婚嫁喜庆、好友来访、家人团聚或是邻里串门,都少不了一场擂茶席。一张张桌子排开来,男女老少围坐一圈,一边是客人喝茶,说古论今、谈笑风生;而另一边是女主人手持擂杖,在擂钵里有节奏地擂动,一派淳朴的客家民俗风情。客家人做擂茶时,坐在凳子上,双腿夹住一个陶制的擂钵,抓一把茶叶放入钵内,握一根半米长的擂棍,频频春捣、旋转。边擂边不断给擂钵里添些芝麻、花生仁、草药等。待钵里的东西捣成碎泥,茶便擂好了。然后,用一把捞瓢筛滤擂过的茶,投入铜壶,加水煮沸,一时满堂飘香。泰宁的米花擂茶,还会放上用油茶炸得焦黄的糯米,让人联想起内蒙古茶中加的炒米。这一碗擂茶下肚,解渴又解饿。

了解完擂茶后,真正的挑战来了——他们要亲手制作擂茶。听讲解容易,但是要实际操作可就不那么简单了。孩子们几人一组,拿好材料,便开始倒腾起来。"第一步要做什么?""你看,应该是这样捣!""现在要加什么东西进去了?""让我来试试!"……孩子们七嘴八舌地讨论起来,当然他们也不闲着,有的不断翻看笔记,提醒下一个步骤,有的放材料,有的手不停地春捣,擂好茶后,还要有人负责煮茶……看着一些零零落落的材料逐渐变成了一堆泥,又变成最想要的东西,个个很有成就感,虽然手忙脚乱,但还是挺像样的。在场的老师们也没有想到,孩子们能够做得这么好。经过一番努力,擂茶终于制作好了。无论成品是什么味道,孩子们都赞擂茶好喝,因为那是自己的劳动成果。

图 4-5-2 品尝自己做的擂茶

生活就是如此,亲身经历过才更有意义。放手让孩子们参与劳动体验生活的酸甜苦辣,相比起书上的概念和条条框框,亲自动手才能真正学会生活。

天时地利人和,民俗离不开地域环境,在教室里讲解民俗,哪有在当地体验来得生动呢? 了解地方特色和祖国文化最好的办法便是亲身体验。有关泰宁的民俗,孩子们可能说不出个所以然,但这个体验过程给他们带来了真实感和满足感。他们体会到劳动与合作的快乐,或许多年以后擂茶的制作细节会慢慢淡忘,但那种感受是一份美好而深刻的记忆,充斥在身体每一个细胞中。实践是最好的老师,在生活中寻找做人做事之道,提升实践能力,教育才能更好地"落地"。

图 4-5-3　研学之旅

第六节　廊桥水乡,状元故里

当教育开始关注到"育人",就不得不首先说一说培养"什么样的人"。习近平总书记明确提出,教育要培养社会主义建设者和接班人,培养拥护中国共产党领导和我国社会主义制度的人,培养立志为中国特色社会主义奋斗终身的有用人才。可见,育人的关键,在于思想信念。在学校教育中,思想政治理论课事关培养什么人、怎样培养人、为谁培养人这个根本问题,事关新时代党的教育方针贯彻落实,事关立德树人根本任务的实现。实际上,地理学科也承担"育人"使命,思政教育不仅只在思政课中体现,也孕育在其他学科中。立德树人根本任务贯穿于教育的各个领域,也融于教育的全过程。

地理研学实践是学生感受自然,学习地理,培养核心素养的重要途径之一,同时也能够有效培养学生爱国爱乡之情、树立自信、健全人格。近年在尝试乡土地理教育和地理实践力培养的过程中,我把思政教育的元素也融入课题研究中,以便打破学科间的壁垒,更好地落实立德树人要求。

寿宁西浦村是一座有着千年历史的血缘村落,自然景观和历史文化完美结合,钟灵毓秀,人文荟萃,是研学旅行的不二之选。2020年8月,"思政视域下的研学实践研究"课题组老师们带领福州第二十五中学的优秀学生干部不远千里赴西浦村,开展了一次别有意义的活动。

西浦村的研学任务在出发前就已经开始,孩子们从接到研学通知到整装待发,仅用了两三天的时间,可见孩子们的兴趣盎然。三四个小时的车程和一个下午的研学之旅,晚上还有分享和应急演练。尽管一整天安排得满满当当,但没有一个孩子缺席整天的活动,每个环节、每个任务,他们都积极参与。下面,我将用表格来展示西浦研学的过程:

表 4-6-1 西浦研学实践方案

目的	时间	内容(安排)	任务
1. 做好出行准备; 2. 熟悉行程安排和任务	出发前两天		1. 准备出行物品和学习物品; 2. 下载 APP:奥维互动地图; 3. 阅读研学手册,了解研学内容; 4. 收集西浦文化状元故里典故
1. 学会使用奥维地图; 2. 初步了解目的地; 3. 初步建立团队	旅途中	1. 学习《歌唱祖国》; 2. 与同学们谈地理	1. 轮流作自我介绍; 2. 在奥维互动地图上,点击右上方图层符号,勾选 google 卫星混合地图,输入"福州",缩小地图,找到福建省的轮廓并描述福建省在中国的位置;放大地图,查看福州市区所在地的地形,并进一步搜索同学们自己家所在的小区名称,找到自己的家; 3. 学习《歌唱祖国》并一起唱

续表

目的	时间	内容(安排)	任务
1. 学习餐桌礼仪; 2. 培养节约粮食的意识	午餐	学习餐桌礼仪,落实光盘行动	1. 讨论你所知道的餐桌礼仪,并按礼仪规定就餐; 2. 尽量不浪费粮食,吃完盘中食物
1. 了解西浦村的自然景观 2. 感受尊师重教的氛围和状元文化	13:00—17:00	参观、游览、听学:状元树(祈福带)——"鱼鳞坝"听传说——"教育基金宣传栏"讲奖教励学故事	1. 观察状元树,了解树的器官一般由哪些部分构成? 植物名称: 高度: 植物颜色: 叶片形状: 植物的茂密程度: 特别的地方:
		参观体验、实地探究:"鲤鱼溪"听民俗喂鱼食——"民俗博物馆"看展览——国学堂读经典——"状元祠堂"敲金锣、挺状元故事、看古戏台——听冯梦龙传说——"鲤鱼溪中游"听传说——"进士及第"讲古民居结构——"惜字炉"听典故——"跃鱼轩"听故事——"古油坊"参观工坊——"古官厅"听梦龙故事、感受古代判案现场	1. 游览与观赏状元祠建筑与装饰风格,根据所学知识和感受,简单绘制状元祠的简笔画。 2. 在民俗博物馆了解文物,列举一项感兴趣的文物,并描述这个文物。 文物名称: 文物结构: 文物特点: 文物历史: 文物故事:
		"聚仙亭""永安桥"乡土文化——"状元廊"——"古碇步"亲水体验	1. 仔细观察,说说永安桥和普通桥的区别。 2. 桥墩旁边竖着的石墩有什么作用?
		分享会	以小组为单位,收集西浦文化状元故里典故,并随机抽取小组上台分享汇报
	晚餐		

续表

目的	时间	内容(安排)	任务
1. 熟悉逃生路线和技能; 2. 提高自我保护能力	19:00—20:00	应急演练	火情报告,紧急疏散:学生疏散策划和组织、事发现场的救援工作、疏散到安全地带学生的组织及清点人数
1. 总结一天学习体验和收获; 2. 情感升华	20:00—21:00	体验分享会	1. 求学之路教育分享会, 2. 分享学习感悟

　　西浦小学退休校长缪春明老先生一直不遗余力地宣传家乡文化,他的讲解生动有趣,是本次西浦研学的亮点之一。孩子们跟随着缪老先生,一路听一路看,并一路思考着。在村口的状元树前,孩子们开始了实地观察任务,了解樟树的构成部分,认真填写植物记录表,在状元树的故事里,他们更深刻地感受到这里的乡情韵味。书香凝结在时光里,走走停停间遇见古代令人向往的读书氛围。西浦村源远流长的状元文化,激励着西浦后人奋发图强,也激发着现场的学生们奋发向上、努力学习的精神。

图 4-6-1　学生们在观察状元树　　图 4-6-2　现场讲解西浦村尊师重教文化

　　接着,学生们跟随缪春明老先生来到闽东北民俗文化馆。西浦民俗博物馆,是寿宁县第一家民间民俗博物馆,这里还保留着已被城市遗忘的古朴印记和古典之美,值得我们去发现、探索、保护、发扬。走进民俗文化馆的学生们对眼前所见到的一切充满了好奇。他们坐在古代的私塾里翻阅着桌面上的国学典籍,感悟着中国传统文化的独特魅力。

　　状元祠门楼月梁斗拱,精雕细刻,色彩浓重,让人感受到它浓浓的古韵。学生们追寻状元的足迹,享受古典文化的熏陶。缪春明老先生对西浦历朝历代的状元故事娓娓道来,并讲解古代科举教育的历史及其背后的意义。学生们惊叹于此地的人杰地灵,心中更是种下了对读书求学的热爱之情。聆听完状元祠的文化历史故事后,学生们游览与观赏状元祠建筑与装饰风格,并在自己的研学手册里认真绘制状元祠的简笔图。

图 4-6-3　参观民俗博物馆　　　　图 4-6-4　绘制状元祠简笔图

缪春明老先生用绘声绘色的语言向学生们重演了冯梦龙当年在官厅断案的情境,使学生由衷惊叹于其断案智慧,对此地的人杰地灵有了更深的了解。孩子们不仅陶醉于西浦村的旖旎风光,更是惊叹于此地深厚的文化底蕴,并在走过每一处景点每一座廊桥后,在自己的研学小册子上记录所思所感。

图 4-6-5　再现冯梦龙断案场景　　　　图 4-6-6　廊桥上记录研学点滴

游览完状元村的历史风物后,全体学生跟随党员教师们回到西浦小学,在休息之余一起分享了对这次西浦状元村的夏令营活动的感想。

　　"走进西浦,高耸的牌楼立于村头,鹅卵石铺就的小道蜿蜒于村间。最让人印象深刻的是西浦的状元文化,缪蟾通过自身不懈的努力,最终考取了状元,这样励志的故事启示我们每个学生都应该在大好的年华里,发愤图强,认真念书,成为一个对国家对社会有用的人。"

"西浦被称为'廊桥水乡'和'状元故里'。据说这里出过一个状元,十八个进士。刚下车我们就来到了状元树前,这是南宋缪蟾赶考前为了不让母亲过度思念自己而种下的,后来缪蟾高中状元这棵树就被称为了状元树。如今许多人都将自己的心愿寄托在这棵树上,希望梦想可以成真。我也在树下许下了愿望——希望可以考上好的大学,为国家效犬马之劳。"

······

实践出真知,边实践边学习,在学习中成长,在实践中顿悟。西浦研学虽只有短短一天,但是在水乡美景和状元文化中畅游还是让学生感到非常有意思。更有价值的是,在沿路还学习了很多知识,与同学一起交流分享,更是撞出了思维的火花。研学之道,还是要亲身感受才能悟到。

第七节　下党之路通往幸福

2013 年 11 月,习近平到湖南湘西考察时首次作出了"实事求是、因地制宜、分类指导、精准扶贫"的重要指示。2014 年 1 月,中办详细规制了精准扶贫工作模式的顶层设计,推动了"精准扶贫"思想落地。2020 年是全面建成小康社会目标实现之年,也是全面打赢脱贫攻坚战的收官之年,这是一个在国家发展战略上具有深刻意义的年份,也是承接历史,开启新篇章的重要节点。国家的发展关系民生,但午纪小的孩子对这些抽象的概念并不能完全理解。现在城市里的初中学生,大多生活在幸福的环境中,他们既是改革开放的受益者,又是祖国未来的建设者,他们享受着经济发展的成果,又将接过国家未来发展的接力棒。新时期社会主义建设需要他们,但如何让这个时代的学生更好地与未来接轨? 这事关每一位教育工作者。培养合格的社会主义接班人是大家共同的任务:培养孩子们的家国情怀和崇高理想,增强"四个自信",让孩子们有担当、有文化,积极乐观上进。

　　我省的下党乡位于闽浙交界处,曾是一个特困乡,没有公路、没有自来水、没有电话和电灯、没有财政收入、没有政府办公场所,人均年收入 186元,下党乡人民的生活极其贫困。但如今,下党乡旧貌换新颜,不仅实现了通水电、通公路、通讯和网络全覆盖,公共基础设施全面配套,人均可支配收入也成倍增长。习近平同志任宁德市地委书记时,曾经披荆斩棘,"三进下党乡",指导扶贫工作。下党乡是国家脱贫攻坚战的典型案例,下党乡的脱贫之路,不仅让百姓过上幸福的生活,同时也体现着一位国家领导人爱国爱民情怀。这样一个思政教育的好素材,如何才能让学生更好地领悟其精髓,将家国情怀和新时代社会主义思想内化于心呢?研学实践是一个很好的方式。这种方式很大程度上发挥了学生的主动性,在任务的引领下,通过学生互动、自学、体验、反思的方式重建知识结构,获得情感升华。这有利于增加学生对复杂抽象事物的感受和理解,对于未成年人的思想道德建设大有助益,因为研学不仅是作用在知识获得的层面,更是触动了情感层面,通情达理,更胜一筹。

　　我们用一张表格来直观展示这次的下党乡研学实践活动(见表 4-7-1)。

表 4-7-1　走进下党研学任务表

目标	时间	内容(安排)	任务
探究下党乡自然环境特点,助力脱贫攻坚	7:30—9:30	重走"党群连心路";参观文昌阁;参观滴水穿石公园、省级水利文物下党最早电站——"石管道"	在奥维互动地图上,点击右上方图层符号,勾选 Open Cycle 等高线地图,搜索下党乡,缩放到合适大小,并截屏,再结合地图和湿地观测,搜集下党乡的各种地形类型,拍照并记录其特点。 下党乡的海拔高度: 你所观察到的地形类型及其特点: 结合下党乡的地形地势、气候、河流,体会当地丰富的水利资源。
	9:30—10:00	参观鸾峰桥	1. 廊桥的特点是什么?廊屋的作用是什么?想一想,廊桥为什么又叫"厝桥"? 2. 有"世界木拱廊桥天然博物馆"之称的是哪个县? 3. 小组讨论:为什么我国廊桥主要分布在闽浙山区?(提示:参考当地气候类型及气候特点。) 4.参考中国地形分布特点,分析廊桥分布在闽浙山区的原因。

续表

目标	时间	内容(安排)	任务
探究下党乡自然环境特点,助力脱贫攻坚	10：00—12：00	难忘下党主题馆讲解	1. 学习贯彻习近平总书记回信重要精神,走闽东特色的乡村振兴之路。 2."三进下党"彰显共产党人的初心和使命。 (1)下党乡是宁德地区四个特困乡之一,也是省定贫困乡。1989 年 7 月,时任福建省宁德地委书记的习近平同志曾到此处进行调研。在脱贫攻坚征程中,下党乡铿锵前行,一路凯歌。因此,脱贫攻坚战(　　)。 A. 解决了各地城镇化水平总体不高的问题 B. 体现了同等富裕这一社会主义根本原则 C. 有利于解决新时代我省社会的主要矛盾 D. 有利于实现平均分配防止收入差距悬殊 (2)随着 1988 年建乡以来,下党的发展得到省、地、县各级领导的重视和关怀,给予了许多的优惠政策和倾斜照顾,激发了广大干部群众艰苦奋斗和脱贫致富的信心。先后兴办了水、电路、学校、广播电视、程控电话、集镇建设等基础设施,使下党乡的面貌焕然一新,这体现了(　　)。 A. 人民对美好生活的要求都得到了满足 B. 党和政府的宗旨就是为人民谋福祉 C. 中国人民都过上了幸福美满的生活 D. 人民的生活水平得到了很大的提高 (3)怎样的人生才值得? 以下说法你赞同的是(　　)。 ①为别人而活,达成他人对自己的所有要求 ②活出自己的人生,实现自我价值 ③付出爱心,承担责任 ④将个人理想与国家发展结合起来 A. ①②③　　B. ②③④　　C. ①③④　　D. ①②④ (4)"如果你是一滴水,你是否滋润了一寸土地? 如果你是一线阳光,你是否照亮了一分黑暗? 如果你是一粒粮食,你是否哺育了有用的生命? 如果你是一颗螺丝钉,你是否永远坚守在你生活的岗位上?"《雷锋日记》中的这段话启示我们(　　)。 A. 生活是丰富多彩的,生命有无穷奥秘 B. 每个人都有自身的价值 C. 要活出自己的人生,实现自我价值 D. 每个人都应该选择适合自己的人生道路

续表

目标	时间	内容(安排)	任务
体验下党乡的变化	13:00—14:30	1. 参观下党古民居；2. 参观幸福茶馆；3. 给长辈敬茶	1. 寿宁的名茶称作什么？ 2. 哪位著名的文学家曾任寿宁知县？
学习成果升华内化	返程	分享心得感受	天下国家(习近平总书记宁德工作事迹分享) 老师讲解生命的意义 同学分享研学感悟

8月夏末，山区清晨已感一丝微凉，经过一天满满的学习后，孩子们仍然热情高涨，精神饱满。这一天的研学任务是重走"党群连心路"和参观难忘下党主题馆。党群连心路，是习近平总书记当年"三进下党乡"所走的路，当时的下党乡没有公路，进乡只能徒步。第一次进下党乡，他顶着烈日，徒步两个多小时才来到下党乡，在鸾峰桥上现场办公，指导扶贫工作。重走党群连心路已经没有了当年披荆斩棘的困难，但还保留有部分原来的样子，孩子们在路上走着，体验着习总书记当时入下党乡调研的艰辛和一心为民的坚定信念，虽然路途艰苦，但只要是为了人民百姓的幸福，所有的付出都值得。

图 4-7-1　重走"党群连心路"

党群连心路的末端是滴水穿石公园，"滴水穿石"和"弱鸟先飞"的雕塑格外好看，孩子们在习总书记给下党乡的回信里读出了深深的牵挂。古朴的鸾峰古桥见证着下党乡的沧桑和巨变，刘明华书记在鸾峰桥上讲述着下党乡脱贫致富的故事，孩子们认真地听着，最后在难忘下党主题馆，孩子们通过图片、实物,更加深刻地了解了习近平总书记"三进下党"的感人事迹,感受他始终将百姓记挂于心的为民精神。

图 4-7-2　参观难忘下党主题馆

午饭后,我们的目的地是"幸福茶馆"。王老爷爷夫妻俩经营着这家小茶馆,他 70 多岁了,但仍然精神矍铄,逢人就讲起他和习总书记的往事,孩子们认真聆听他的幸福故事,体会到脱贫的艰难,也对今天来之不易的幸福生活充满感恩。最后,孩子们向王爷爷和同行的老师们奉上自己亲手泡的茶,表达发自内心的感谢,感谢前人引路,感恩美好生活,感恩党的关怀和国家强盛。

图 4-7-3　聆听幸福故事　　　　图 4-7-4　向长辈献茶

福州第二十五中学的综合楼上写着一列大字:"用爱和责任为学生一生幸福奠基",这是学校一直秉承的办学理念,也体现了教育工作者的初心和使命。为人民谋幸福不仅体现在脱贫致富上,在教育上也能够实现。学生的幸福是什么?我想能够实现自我的价值,常常能体验到内心的安宁和

满足,那样的主观感受就是幸福。而要实现幸福,也要懂得追求幸福。教育的责任,就是让学生体验幸福,学会如何获得幸福感。学习是实现幸福教育的必要手段,但是学习的过程如果充满痛苦,那么真正能够感受幸福、追求幸福的孩子应该不多。相比以往机械呆板的考试机器来说,研学实践更能够关注到学生的兴趣、体验,让学习人性化,强调"育人",让教育真正带孩子们通往幸福之路。

第五章

自然"循道"，生生不息

教学之道相生相长，地理循道启智明德。学习讲究内化于心,外化于行,知行合一。在好奇心和求知欲的引导下探索知识,行也促使知更好地化为行,而知实现行的循序渐进稳步提升，在知和行的辩证关系中成为现实,这是"道"的体现。教之道依赖于学之道，便是教学相长。"行—知—行"的实践教学也是地理学科核心素养培养的有效途径，在教学中落实立德树人根本任务,犹如春风化雨,润物于无声,彰显道之智慧。

第一节 内化于心,外化于行

人们常说:"知识就是力量",将知识转变为力量需要一个中转站,这就是人。人贵在具有精神属性,这让生命富有意义成为可能,也决定了人与事物的关系。知识进入大脑,经过深度加工,大脑指挥行动,才能成为服务于人,推动社会发展的力量。只有经过这么一个完整的过程,知识才真正发挥它的用途。就像计算机,倘若一台计算机只能存储信息,却不能输出,这台计算机应该是发生了故障,人亦如此。因此教育提倡学以致用,光学不用,不如不学。

学习的目的在于应用。用有两方面,一方面,它用于个人的基本生活;另一方面,用于服务社会。这两方面都旨在解决个人生存和发展及社会适应的问题,影响生活的质量和幸福感,往大的方面说,还关系到国家的稳定和发展。用于个人基本生活的,是综合素养、综合知识的应用。例如语言表达能力,如果一个人缺乏这种能力,他就无法与人正常交流,不仅自己的生活受到影响,他赖以保障生活的工作也受到很大限制,幸福指数大打折扣。用于服务社会的知识,他体现了道家"对他人有为"的理念,是社会发展的动力,这多数需要专业的支撑,需要潜心钻研。当然也只有将所学用来服务他人和社会,才能获得保障基本生活的物质基础,也获得身心的愉悦和幸福感。

教书,教什么? 从用的这个角度,我们可以反推出学生的知识需求。我们培养"社会主义接班人",首先要教给他成人的知识,即基本的生存能力,之后,我们要教给他成才的知识,让他在社会改革和发展的浪潮中发挥自己的力量。在中小学阶段,我们更多立足于让学生"成人"。"成人"可是比"成才"重要得多且难得多的问题。"成人"的知识,是一个综合体,它不仅有学科的基础知识,还有品德和人格的塑造、身体的健康、劳动的技能等等。我们称之为"核心素养"的概念,大致就包含了所有"成人"的知识,它是适应终身发展和社会发展需要的必备品格和关键能力。

知识的学习,首先要入脑入心。有些学生上课,左耳进右耳出,对于他们来说,知识就是一个无关的过客。有的学生学习,说"老师我根本听不进去",知识是他们的敌人,他们无法接受。无论是"过客"还是"敌人",都无法攻入大脑,没有知识的"输入",便不用说生产力的"输出"了。要使知识入脑入心,这是一个值得深究的事情。我们请来"心理学"和"教育学"两位得道高人。学习是人的活动,只有符合人的身心特点和发展规律,才能有效达到目的。而教育是一门专门的科学,要有心理学和教育学的研究成果为支撑。我们一起来听听高人们怎么说。

信息的获取首先源于感官,所以直观的、清晰的、有趣的、震撼的视听觉材料能够吸引学生的注意力,撬开信息输入的大门,多感官的协调活动,也有助于加深对知识的印象。这应该就是兴趣的开始,兴趣的闸门被打开,学生便有了自然的学习动力。信息加工也受情绪的影响,当我们有积极的情绪时,看问题也相对积极,而消极情绪堆积时,对问题的看法就有偏颇。因此,打造快乐的课堂,激发学生的积极情绪,对信息的获取便更高效。

事物是客观的,但人认识事物是主观的。人根据需要选择信息,满足学生需求的知识更能够被吸收入脑。无论是为了家长老师的奖励还是未来的发展,抑或是获得成就的满足感,都能够激发学习的动力,所以,在课堂上多肯定和表扬学生、将知识与未来生活链接、分组竞赛等方式的确能够激起学生学习的积极性。但这都不是长久之策,如果没有了奖励,或者某些组总是远远落后,这样便让学生感到乏味。心理学研究表明,最长久的动力来源于好奇心和求知欲,这才能使学习成为一项持续的活动。因此,激发学生的好奇心和求知欲才能使知识入脑入心。怎样激发学生对知识的永久兴趣?靠设计!例如课堂上的情景设置、让学生探究的问题等等。如果将学习的过程比作寻宝,那么课堂或活动的设计就是寻宝的路线和方式。如果宝藏非常容易就被找到,便觉得比较无趣,如果怎么找都找不到宝藏,则又容易让人放弃。倘若寻宝路线充满神秘感,还有点难度,学生们每走几步就找到一个线索,这样的寻宝过程就很耐人寻味,如果有第二次、第三次的寻宝活动,他们便还会饶有兴致地参加。

具身认知理论告诉我们,主动获得知识才能真正获得知识,也就是很多学者都提倡的实践教育,通过自身的活动、身体的记忆来实现知识的建构。就像老师告诉学生南方气候湿润、北方气候干燥,这种知识对于从小到大生活在南方的学生很难感同身受,他们背一背,考个试后,可能就忘记了，但对于在南方和北方都生活过的学生来说，一下子就能理解，而且终生难忘。如果让南方的学生到北方走一趟，这样的知识对于他们便再简单不过了，甚至他们还会发现其他南北方的不同，比如文化、饮食等等。通过活动探究在本书的第一章已经阐述了许多，这里就不再重复解释。我想说的是主动探究对于知识的获取来说，是很有效的。

重复对于知识的识记有一定的效果，例如一个陌生人，你只见过他一次，时间久了，对他的印象就很模糊了，但如果一个陌生人，每隔几天就要见上一两次，他便更容易留在你脑海中了。一些印象深刻的知识很快就能记住，但一些不太熟悉的知识就需要重复几次。不过太过多次的重复，我认为不太必要，这样反倒是给了学生过大的压力。

知识如何最终变为能力？需要训练！我们很小就学会走路，但是我们不是一下子就会走路的，需要有成熟的身体条件，然后我们一次次地尝试走路，一次次地摔倒，最后，终于掌握了平衡，学会了走路，这是一个学习以及训练的过程，同时多次尝试走路也使我们获得更发达的肌肉和更协调的身体。这就是训练，但训练不是机械的重复，它是一个尝试—反馈的循环，每训练一次，我们大脑便会得到实践的反馈，进而进行修整，直到行为达成一定的规范和熟练度为止。

训练也讲究技巧。首先要掌握好训练的节奏，从易到难，一个台阶一个台阶地走，不能一下子跨很大步，一脚踩上好几个台阶，容易摔倒，当然也不能一直原地踏步，这样不会进步。所以在我的地理教学里，学生的作业、练习都是有步骤的，先掌握最基础的，难度一点一点拔高，这样学生容易接受，在掌握好简单的知识后，也容易获得成就感和自信心。

其次，训练要有反馈，给大脑一个校准的目标。如果盲目训练，则会自乱阵脚。例如学生交来的作业，哪些知识点不理解、有错误，我都一一反馈给学生，让他们知道自己掌握了什么，薄弱点在哪里，这样后续的学习就有了针对性。同时，学生的作业对于教师也是一种很好的反馈，教师通过作业、考试获得学生掌握知识的情况，调整自己的教学内容、进度和方式，与学生达到教与学的平衡。

有效的训练还需要有情境的配合，学会将知识运用于合适的场景。就像我要教会学生地理实验的方法，通常我会带着学生一起参与一个实验，或者就指导学生自己做一次实验，这样地理实验的基本流程，他们就一清二楚了。再比如，让学生学会扫地，可以让他参与值日生任务，跟同学一起扫地,这样可以通过观察会扫地同学的行为学会扫地,如果有做不清楚的地方,同学也会有反馈,所以有时候讲解再多再细致,不如让学生身临其境地训练一次。所以参与劳动,参与实践,也是知识技能获取和训练的一种重要方式,其效果甚至比课堂教学更佳。

学习讲究内化于心,外化于行,知行合一,是学习的最高境界。通过行获得知,这是一个自然而然、轻松高效的过程,行激发学习的兴趣,在好奇心和求知欲的引导下,探索知识,行也促使知更好地化为行,实现知识到力量的有效转变,而知实现行的循序渐进,稳步提升。知行合一,是提升学生核心素养的最佳途径,知识就是力量,在知和行的辩证关系中成为现实,这是"道"的体现。

第二节 地理循道,启智明德

2014 年教育部研制印发《关于全面深化课程改革落实立德树人根本任务的意见》,提出"教育部将组织研究提出各学段学生发展核心素养体系,明确学生应具备的适应终身发展和社会发展需要的必备品格和关键能力",将立德树人要求落到实处。核心素养这一概念明确学生应具备的必备品格和关键能力,从中观层面深入回答"立什么德、树什么人"的根本问题,引领课程改革和育人模式变革。核心素养着眼于人的全面发展和终身发展,改变了以往教学重知识、轻能力的模式,强调人的品格及能力的培养。这也就意味着现在的教育应该把人的发展作为最高目标,紧紧围绕"成人"要素,不仅仅抓智育,更要重德育。

学生发展核心素养以培养"全面发展的人"为核心,分为文化基础、自主发展、社会参与三个方面,综合表现为人文底蕴、科学精神、学会学习、健康生活、责任担当、实践创新等六大素养。具体到地理学科核心素养,包括人地协调观、综合思维、区域认知、地理实践力等四个方面。人地协调观指对人类与地理环境之间关系所持的正确价值观,实现人与自然协调发展;人文与自认兼容的地理学科自然培养人的综合思维,使人能够从复杂多变的多要素组合中思考问题;区域认知是指个体根据需要和一定的指标、方法将地球表层划分为不同尺度、不同功能、不同类型的区域进行认识，它是学生参与社会生活体现个体存在价值的基本认知需要；地理实践力不仅是地理观测、调查，也包括课堂内的教具制作、问题讨论、绘制地图、地理实验等等，体现学生的综合实践能力，它有助于帮助学生应用地理知识和方法，更能提高学生的适应能力、发现和解决问题的能力，培养自信心、责任感和团结协作等品质。从地理学科的四种核心素养来看，它们是相互渗透、相互促进的有机整体。每一种核心素养都体现了教学的三个层次：学科知识和方法层面、综合能力层面和品格、价值观层面，是立德树人根本任务的细化和落实途径。

立德树人和核心素养的提出，改变了教育教学的理念，可贵的是，理念之下，还提出了具体的要求和做法。地理学科教育教学也同时发生转变，它的任务，从"授业解惑"上升到"启智明德"。启智明德中的"启"，很巧妙，值得深究。"启"有启发的意思，既然是启发，就不是硬生生地将知识告诉学生，并要求学生记忆，而应该用一切巧妙的方法，启发学生自己去学会知识。启，不仅是启发知识，也启发学习方法和兴趣。比如，在分析世界各国发展与合作的关系时，我让学生扮演不同国家的代表，在国际会议上，对某一个国际问题进行讨论，我用情境设置的方法，依托有趣的课堂活动，让学生进行自主探究和讨论，最后在完成自己的角色当中，构建自己的答案，这个过程就是"启"。不直接说答案，引导学生步步深入，不断思考，想方设法找到答案，这体现了"学"的过程与方法，这样演练一遍、两遍、三遍，学生慢慢就适应了这样的方法，学到了学习方法，同时，探究和讨论过程十分有趣，好奇心不断被激发，学习的兴趣因此建立。启，还指启发心智，在地理学习活动中，学会发现问题和解决问题、学会与人合作、培养意志品质和创新精神，使心智健全，实现人的成熟成长。启智，不仅学到知识，还体验过程，不仅开启兴趣，还培养心智，在无形之中，轻松达成教学的各层次目标。启智符合道的特点，同时达到"明德"这一终极目标。

明德依托于启智，在过程中明确立德树人的要求。校园测绘的教学，培养学生学习的兴趣、科学态度和方法，分组合作的方式也能让他们在学习测绘的过程中，形成合作意识和热爱校园的美好情感。研学旅行爱国主义教育和集体主义教育依托在感受名山大川的旅途中……在地理学科教学中落实立德树人根本任务，犹如春风化雨，润物于无声，彰显道之智慧。

四种地理核心素养都体现了立德树人的要求。如人地协调观，让学生科学认识人与自然环境的关系,培养对人类和自然的大德大爱,形成全球意识,增强对环境、资源的保护意识和法制意识,形成可持续发展的观念,养成关心和爱护环境的行为习惯。人地协调观是地理学科核心素养的中心,贯穿于地理学科教学的始终,这是比人类伦理道德更高的层面,是道的运行,强调可持续发展。启发学生智慧,最终落脚于让学生学会做人,成为社会主义接班人。

核心素养如何培养,直接讲授,效果甚微。多种核心素养相互渗透、相互影响,因此,我着重围绕学生地理实践力这一种核心素养的培养,带动其他三种核心素养的形成。一直以来,我都尊崇科学的教育教学规律,知行合一,我所认为的这条很重要的教学之道,在我的教学方法和教学体系形成中起到了关键作用。

通过实践活动培养学生的实践力,"行—知—行"的教学模式是我长期教学经验的总结和践行。实践教学是地理学科完成立德树人任务的关键路径之一。我所以为的实践包括课堂上的自主探究、实验的尝试和研究、课堂外对真实环境的研学实践活动等。而实践力是终身发展和适应社会的关键能力,包括学以致用的能力、读图能力、综合分析能力等。地理考试是判断地理学科知识转化为实践力的途径之一,从试卷中可以看出学生对知识应用的能力,然而单是考试只能检验知识学习的成效,在一定程度上反映学生学习的能力,但要全面训练和考量学生的实践力,还需要客观情境,也即在真实生活中运用地理知识和科学方法解决各种问题。单纯会考试难免有"纸上谈兵"之嫌,只有能随时解决实际问题,才真是学到了家,入脑入心,外化于行。

实际上,实践教学也是地理学科核心素养培养的有效方法。我们不妨再来深入剖析四种核心素养的关系。如图 5-2-1 所示,人地协调观是地理综合素养的核心线索,是基本的价值观,而区域认知和综合思维是基本思想和方法,地理实践力才是脑中知识和外界链接的部分,属于基本活动经验,是人致力于物和物内化入脑的中介。综上可见,要形成其他三种地理核心素养,必须依靠地理实践力为媒介,它是基础和方式,把好知识入口关,有助于培养思维和价值观,达到启智明德的目的。

四种地理核心素养看似关系错综复杂,但只要抓住重点,工作便并不困难。用实践来教学,达成人知识和道德的提升,最终还能作用于生活和社会,这是教学的规律,符合"循道"思想,教师不需要多做什么,不用劳心劳力灌输成长的知识,不用想方设法立德树人,只要让学生在情境中实践,在实践中学习,在学习中成长即可。

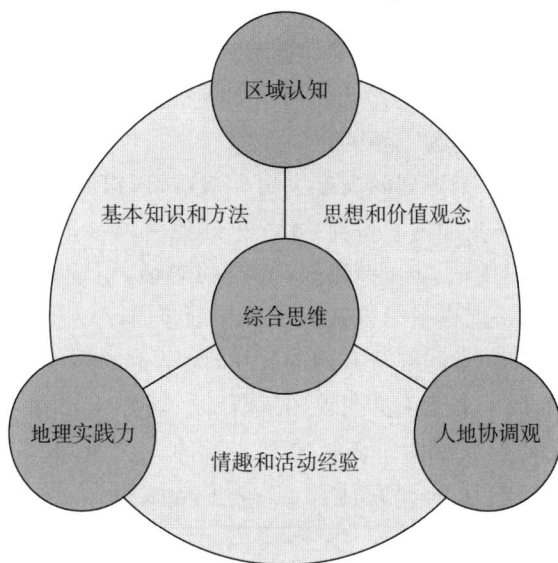

图 5-2-1　地理学科核心素养

第三节　教学之道,相生相长

以地理实践力培养为重点的循道地理教学主张,实现学生"成人"的宗旨,落实立德树人根本任务,让学生快乐学习、幸福成长,将顺了学生的"学"道,而反观教学的另一个主体——教师,也发生了很大的变化。所谓教学相长,伴随着学生的成长,教师也得到提升。作为一名教师,我也在循道地理中,体会到深深的幸福感。

在地理循道教学的过程中,教师和学生的角色都发生了变化。学生成为舞台上的主角,他们在舞台上尽情挥洒汗水,展现自我,收获鲜花和掌声。而教师则从台上退至幕后,成为一名导演,设计整个舞台,让演员们能够充分发挥。当好这个导演可不容易,需要有很强的综合能力和观察力。这个角色逼着我增加许多知识,不仅仅是地理专业知识,还有很多其他学科的知识。单从本学科来讲,地理学科的课程资源广泛存在,不局限在教室、校内的活动场所以及学校有限的图书资源,这就要求教师要研究、开发、重组和最大限度地利用各种课程资源。这是一个极富挑战性的角色,但它也充分调动和提升了我的各项能力。这种角色的转变深刻让我感受到为什么国家提倡培养人的综合素养。的确,在生活中解决实际问题,光靠一门学科的知识是远远不够的。

导演需要站在一个更高的高度去指导演员,所以我还需要丰富我的生活经历和感受,升华我的内心世界,才能更好地引领孩子们去感受世界,才能更好地走进他们内心,与他们进行心灵的对话,引起最深层次的共鸣。在以往,我关注的是怎样把学科知识传授给学生,让学生考出好成绩,现在我关注的是学生怎样学到终身有用的知识,为学生的终身幸福而努力。我从一名教书匠变成了真正人类灵魂的工程师。现如今,我的教学以开发和设计教学活动为主,我成为一名课堂和实践的设计师,根据学生特点和课程标准,设计学生喜爱的探究活动,让学生从做中学,学会科学,也学会做人。

在课堂和实践活动中,我是一名引导者,不再冲锋在前,告诉学生这样或者那样,而是只说规则,让学生们自己去发现这样或者那样。而我,则站在他们身后,默默地观察,这个过程,总是会让我看到孩子们的闪光点,发现他们的可爱之处,让我轻松又平和地教学,而不是因为孩子们的不听、不会而发愁。循道地理教学为我和学生都提供了广阔、自由的活动空间和心灵空间,使学生的自主性得到充分发挥,也融洽了师生关系。

地理综合实践活动的开展对我的个人成长起到了重要作用,这可是以往的教师享受不到的福利。学生是综合实践活动的主体,但由于学生身心发展的阶段特点决定了这些主体还不成熟,他们的思维、判断、决策还有一定的随意性,活动过程还需要指导教师的呵护与扶植、引导与帮助。另外,综合实践活动的实施涉及的因素相当复杂,它要求教师具有较强的组织、协调与管理能力。教师作为活动的组织者、管理者,需对活动有整体规划和周密设计。教师只有具备较强的规划和设计能力,才能够在这种广阔的课程环境中自主地、自由地、灵活地引导学生选择主题、课题、安排活动过程。教师还要善于根据学生的生活经验、已有的知识基础和特定的社会背景和条件,组织并指导学生选题,合理地制定活动方案,并在活动过程中有效管理以保证综合实践活动顺利有效地实施。

教之道依赖于学之道。掌握了学生学习和成长的规律,才能够因材施教。在我的地理教学经验中,既研究地理科学的规律,也研究学生的身心特点。学之道是比学科之道更为重要的,因为教师的任务是将学科之道入脑入心,真正起作用的是学生的身心发展规律、学习的规律。掌握了学生的特点,我可以有针对性地开展教学,例如初一的学生刚刚接触地理学科,有一个适应期,他们的思维比较活跃,精力旺盛,我便更侧重于选择直观素材,让孩子们从具体的图像、地图、视频中获取知识,归纳总结出规律,在课堂上,我尽量多给孩子们探索和回答的时间,让他们培养兴趣,学会学习;而到了初二,他们的思维更为严谨,思路更广,我就会改变策略,更多地探索一些有深度的问题,更侧重知识的归纳和自主练习,提高学生的成就感。在初一,我也会花大量的时间与学生磨合,培养他们的学习习惯,初二便更能放飞课堂,让孩子们更自由主动地学习。

研究学生,我更能够通情达理,我尽量体会学生的感受,体验他们学习和思考的问题,我与学生们交流,了解他们的想法和需求。这样我的教学更贴近学生,更容易被接受。在与学生的交流中,我也无意间成了他们的朋友,他们信任我,愿意与我交流,也知道该如何配合我,所以亲其师而信其道,我轻而易举便做到了。研究学生,我能够更心平气和地对待学生,对待自己。我知道有的孩子不听课是因为他们没有兴趣;有的孩子不喜欢地理是因为他们没有掌握学习方法,没有成就感;有的孩子成绩不好是因为没有信心;还有的可能存在身心失调,让他们的行为不受控制……我发现孩子们的行为都有着不同的原因,而绝不是不会读书或者不听话,其实,教书背后,还有很多学生的问题需要我们关注,学生作为人,所需要的可能不是多么丰富尖端的知识,而是尊重和理解。作为老师,我也应该去关怀,去帮助,而非批评和惩罚。这样的学生观影响的不仅仅是我的教学,还有我自己的身心,教学相长,我照顾了学生的感受,反过来也作用于自己。首先我能得到学生的关心,在我忙碌的时候,孩子们会体贴地替我分忧,在我烦恼的时候,孩子们也会为我解忧。教学之道成就了我和学生们的良好关系。最重要的是,我学会怎么排解我自己的情绪,自从我理解学生的行为,我变得不那么暴躁了,我变得更温和,语气中更充满慈爱,我的心慢慢地柔软起来,爱学生其实就是爱自己。

教学相长,不仅是知识和技术层面,还是身心的层面,让我成为一个更幸福的老师,更幸福的人。

第四节　知往观来,研以致用

"道"是什么?老子认为它不可"道"、不可"名",如果用语言去描述它,便是背道而驰,徒劳无功。我竟为这虚无缥缈之物浪费此生?我以为大道无形,却以有的形式存在。这是"道"最高明之处,它以"隐"的方式存在,却折射出生生不灭的影响力。虽然我不能明确"道"是什么,但我可以通过一些有形的东西去感知它,甚至是,带领更多的人去遵循。

我热爱大自然,我选择了地理,我热爱教育,所以我选择成为一名教育工作者。在长期的地理教育教学实践中,我慢慢累积经验,形成了一套自己的教学风格和特色,回头一看,我惊觉这都是"道"的指引。学习中,我寻思地理之"道";工作中,我循道悟道。循道而行,不仅助益于我的教学工作,更是对人生的感悟,乃至对天地的敬畏。

很多人疑惑我是用什么样的教学方法获得良好的教育成果,或者为什么我能够一直保持对工作的热情,我很想告诉他们,是因为我循道。不过多说无益,"道"是说不清的,如果他们能够跟着我实践,或许就能够明白,更有可能得到有创造性的经验。近年来,我开始思考如何将教学和科研相结合,关注教育的社会功能,实现教育产能的转变。用成果服务社会,用过程展示教学的规律,让学生受益,让更多教育工作者得到启发。

"基于地理实践力培养的中学生校园测绘活动研究"是以突破传统课堂教学模式,以地理实践力为主线提升学生核心素养为目的的一次尝试。我组织多校多位地理教师联合开展此项课题。课题组成员组织学生进行测绘仪器、测绘方法的学习,然后开展校园测绘活动,最后形成比较专业的校园平面图。而"走进闽江河口湿地,培养中学生地理综合实践能力"课题更是带学生走出校园,真正接触大自然,在真实情境中教学的典型案例,通过一年半的研究和实践,达到地理课程应着眼于"学生实践能力的培养""充分重视校内外课程资源的开发利用"的要求,师生共同提高地理核心素养之地理实践力,也为党的十八大"五位一体"的生态文明建设奉献绵薄之力。这两年,我又主持课题"思政视域下初中学段研学实践教育策略的研究",结合德育视角,通过现在提倡的研学旅行方式,培养学生的核心素养,也探索新课程改革下的新型教学模式。

在这些年的研究过程中，我发现这些课外实践教学尝试不仅仅是有效提升了学生的学科核心素养，更重要的是，学生本身的变化。提高学生自主学习、探究问题的能力，并在实践活动中形成合作精神，互相交流实践活动的心得，让学生逐步养成学科学、爱科学、用科学的良好习惯，并培养学生热爱家乡保护环境的情感，形成可持续发展的生态文明观念。这样的变化是课堂教学难以达到的高度，比知识的获取更可喜的是综合能力的提高和精神世界的丰富，这是对人生格局和情怀的培养。

华东师大的叶澜教授认为，"没有教师的生命质量的提升，就很难有高的教育质量；没有教师的精神解放，就没有学生的精神解放；没有教师的主动发展，就很难有学生的主动发展；没有教师的教育创造，就很难有学生的创造精神。"课题研究的过程正是一个提升质量、解放精神、创造教育的过程。在课题的引领下，我们更加大胆地开展研究，突破了传统课堂的限制，带孩子们走出课本，走出课堂，用全新的方式，带学生"学习生活中有用的地理"。通过寻找贴合学生自身生活和社会生活的环境，让学生自主实践和探索，以乡土问题为载体，以学生发展为起点，走向自然，走向社会，走向生活，增强学生对自然、对社会、对生活的实际体验。在参与综合实践活动的过程中，能够积极调动学生深入研究相关理论背景知识，培养学生的观察能力、动手能力、创新能力和实践能力，以及合作精神与团队意识，充分释放学生的潜在能量，挖掘他们的探究潜质。

"操作实践、合作交流、自主探究"是"地理综合实践活动"尤为重视的学习方式。地理实践活动转变了以往"单一、他主与被动地接受知识"的低效学习方式，让学生在体验、合作、探究的过程中，不仅获取了知识，也发展了能力、丰富了情感，实现了由表及里的变化。在学生活动中，我们还看到了创造性思维的呈现，学生以自己的方式完成了任务，而且还不断带来惊喜，比如，用一些意外的方式来展示成果，得到连老师都不曾想到的感悟等等。突出学生木位的综合实践活动是"提升地理素养，彰昂个性发展"的现代教育理念的绝佳表现。

课题研究不仅是对创新教育的尝试和对教育规律的探索，更是师生迅速成长的平台。几个课题下来，参与研究的师生都有不同程度的收获和感受。何谓综合实践能力，综合实践能力涵盖了哪些子能力，如何培养，又能如何高效地培养，能否创建培养模式……都是在成员教师参与课题研究时会思考的问题。为了寻找答案，学习基本理论是必不可少的途径之一。研读文献的过程,就是促进教师专业化成长的过程。在综合实践活动过程中时常会面临一些"突发"问题和状况,需要教师应急处理,也督促教师在筹备时要拓展知识深度和广度。有时,学生在探究活动中失去"头绪"时,教师还要动员各种资源提供"援助"。

中学地理综合实践能力反映解决生活中常见的地理问题的能力,该能力的培养具有现实意义。实践活动以主题、项目或课题开展学习活动,其主题、项目或课题的选择权在于学生,学习材料需在实践中寻找,活动方式、时间长短、空间范围需要学生选择,包括活动结果分析、成果的认定,不论哪一环都不能缺少学生的独立判断。所以综合实践活动能让学生在活动过程中不断地体验、感悟、提升。

参与课题研究的各校老师因为这个机缘相聚,共同学习,共同成长,让我见识到了团队的力量。邀请社会力量参与指导更是壮大我们的研究力量。许多专门机构和专业人员,在个人经历、专业了解方面都远远强于学校老师,他们就是一本活教材。他们弥补了地理指导教师专业上的知识盲点,还为学生提供了丰富的资源,大大提升了学习效果。

跨校联合科研可以将各校的资源整合,达到效果最优化。因此动员周边学校对该课题有兴趣、擅长研究的教师参与,可以增强课题研究团队的实力。同时让更多学校的学生参与湿地实践研究,培养学生实践能力,树立可持续发展观念,同时也增强生态文明的宣传力度。

科研活动通常由多校教师共同参与,一起教研集备、一起讨论协商、一起点燃智慧、一起发挥创意。整个科研活动,就是一个思维碰撞的载体。从科研课题的确立到查找相关文献再到开题报告的撰写,每一位教师都带着各自学校的风格参与其中。如,中期的"走近闽江河口湿地"活动中,三所学校的学生展示的作品也带有鲜明的学校特色。福州第十六中学的学生活泼跳跃,他们的情景剧形象生动;英才中学的学生动手能力较强,他们做的湿地模型专业真实;时代中学的学生严谨、精通电脑,他们的汇报展示通过自制小视频呈现,科技感极强。野外考察中,三校学生和老师打乱分为五组,达到三校联合新高度,三校学生互帮互助,相互学习,共同完成任务。该课程持续实验多年,取得明显成效和丰硕成果,推广到3个区县、5所学校,参与教师20多人次、学生上百人。开展志愿者生态建设服务活动多次,相关活动被《海峡教育报》《福州晚报》等媒体报道。参与实践的学生明显提升生活与社会实践能力,在中考高考中也有突出表现,还有出色地从事社会相关职业。本课程实践过程中支撑3个课题获得省级立项,10个相关活动作品获国家级省市级奖项，编出'走近闽江河口湿地'乡土地理校本课程教学用书、课程标准、实地考察任务书等，撰写论文《行走的课堂——"走进闽江河口湿地"研学旅行实践反思》等三篇发表于全国 CN 核心期刊《中学地理教学参考》，共发表 10 多篇论文。参与活动的教师中有两位在福建省教学技能大赛获奖。几年来，相关内容在省市级公开课及讲座中推广 10 余次。本成果突出的"三结合""四驱动""三循环"校本课程开发与实施模式逐步得到推广。《走近闽江河口湿地》初中乡土地理校本课程开发与实践"于 2018 年获福建省教学成果一等奖。

仍然以《走进闽江河口湿地》为例，笔者总结了课程开发和推广的几点经验，简单论述如下：

一、明确课程开发的三大问题

在立德树人为首要任务，培养学生关键能力和必备品格的核心素养环境下，初中新课程标准明确指出应着眼于"学生实践能力的培养""充分重视校内外课程资源的开发利用"。"'走近闽江河口湿地'乡土地理校本课程开发与实践"经过接近 15 年的研究实践解决的主要问题有：一是乡土地理校本课程内容设置和实践问题，特别是解决实践课程走不出学校的问题，如"如何防范校外活动风险""如何有效整合利用校外资源"等问题；二是师、生地理实践素养提升途径；三是校本、地本、国本的承接和推广问题。

二、完善课程实施的过程与方法

（一）解决乡土地理校本课程内容设置和实践问题

"走近闽江河口湿地"课程是教材以外的内容，如何建构学生相关知识和技能、促发情感的升华，是开发本课程的首要问题：

（1）寻找社会协作、挖掘家长资源、结合师范类院校资源开展野外实地考察活动。

（2）结合课题申报和研究分段推进，通过社交媒体以及"走出去请进来"等形式紧密联系指导专家提升理论高度和实践经验。通过家委会协助承担安全防范压力。

（3）组建课程实施的团队。邀请有教学热情、善于在实践中优化调整的教师参与组织实践活动。

（二）探寻师、生地理实践素养提升途径

（1）查找并整理湿地和闽江河口湿地的文字材料及图片。通过各种途径感知身边的湿地景观、故事和存在的问题。循序渐进式开展保护闽江河口湿地的活动。如"保护湿地使者在行动""保护闽江河口湿地服务海西建设""走近闽江河口湿地培养中学生地理实践能力"等主题活动。

（2）注重及时进行活动材料收集、展示和汇报，强调做好激励性评价。

（3）结合学校综合实践课程平台开展走近闽江河口湿地准备活动和成果汇报。

（4）结合课题申报研究分段推进课程的内容设置和实践。师生参与活动过程不断提升各方面的能力，特别是优化各种实践技能，升华保护湿地热爱家乡热爱祖国的情感，鼓励教师参加各级各类业务技能比赛，鼓励学生参加环境保护的公益活动、参加"中国地理学会地球小博士科普大赛"等。

（三）解决校本、地本、国本的承接和推广问题

（1）按照《义务教育地理课程标准（2011版）》中关于乡土地理学习的基本要求，设定本课程的行为目标。如：运用地图，描述闽江河口湿地的地理位置，分析其特点。利用图文资料说明闽江河口湿地变迁及其原因。

（2）充分挖掘闽江河口湿地具有探究性、时代性、灵活性、开放性的地域特色课程资源。结合校情和学生基本情况进行整合编辑"走近闽江河口湿地"乡土地理课程。

（3）跨县区跨校跨年级地组织师生参与活动。借用名师辐射平台在省、市级学习交流的培训上开设相关讲座。每次活动前后都通过展板进行宣传，教师们结合课题研究撰写论文，推广开展经验。

三、寻找课程运行的载体

以"走近闽江河口湿地，培养中学生地理综合实践能力"课题研究为例来呈现具体的解决方法与过程。课题研究的过程正是一个提升质量、解放精神、创造教育的过程。在这一年半的时间里，课题组带领三校学生搜集资料、访谈专家，组织开设了地理综合实践市级公开课——《走近闽江河口湿地》，并以野外考察汇报、论文、课例等作为研究的终期成果。提高地理

教师专业化成长水平，培养学生的地理综合实践能力，走出课本，走出课堂，突出学生本位，鼓励转变学习方式促进师生的教学相长。

"走近闽江河口湿地"实践活动，其实践性、探究性很强，而且历时要求较长，所以其作为研究性课题，让学生组成兴趣小组进行调查是十分合适的。这样不仅充分突出了学生本位的思想，发挥了学生学习的自主、合作和探究性，也体现出了"提升地理素养，彰显个性发展"的现代教育理念和"学习对终身发展有用的地理"的新课标理念。

四、总结课程开发实施的成效

（一）育人目标创新

放飞心性，发展学生关键能力，培养学生树立可持续发展的观念。超越课本，放飞课堂。课程内容紧密贴近学生生活，由学生自主实践和探索，整理和运用知识，放飞心性，增强学生对自然、社会、生活的实际体验，发展学生关键能力。

在实践活动中升华情感。课程是有目的、有计划、有意识地对地理事物和现象进行感知、考察和研究，将地理知识生活化，对能力过程化，情感、态度价值观的培养潜移默化。

（二）促进教师专业成长

课程开发和实施过程中教师的理论和实践水平得到提升。近十年来教师业务技能水平提升显著，团队中被评上正高级教师一人，省级技能大赛两人获奖等，成果显赫。

（三）提升实践课程功能地位

聘请社会知名人士担当顾问，提供社会资源。师生投入湿地保护，与社会共同培育家国情怀和环境意识。

（四）提升学校知名度

通过实践活动报道展板宣传、微信公众号宣传、报刊刊登课程实施成果，师生获得相关奖项，志愿者服务社会等方面助力学校办人民满意的教育。

五、推广课程开发实施的创新模式

(一)体制创新

高校与中学、校本课程与课题研究、名师与教研组"三结合"的责、权、利等体制创新。师范大学地理专业和湿地科研机构应邀承担教学指导,"走近闽江河口湿地"校本课程承载多个省级课题研究,市地理教研培训中心组和名师工作室支持和推广协调,实现职责"三结合"体制。

(二)机制创新

学生为驱动主体,专家为驱动引领,学校为驱动保障,校际联盟为驱动合力的"四驱动"机制创新。学生自愿申报,兴趣引入放飞心性;邀请湿地科研专家指导课程建设与实施;学校统筹规划,防范风险,政策支持;校际互助,自愿联合。强力实现"四驱动"机制。

(三)模式创新

课程内外循环、校内外循环、学校与社会循环"三循环"的实施模式创新。实现乡土地理的国家、地方、校本课程内外循环;聘请社会知名人士担当顾问,提供社会资源,实现校内外、学校与社会循环。

我想,后续研究会继续秉持"实践创新、放飞课堂"的思想,注意课程的时代性和灵活性不断更新和实践新的模式和策略与时俱进,满足不同时期学生成长的需求,构建完善科学的乡土地理校本课程,并将其加大力度推广。有幸的是,这些课题以及参与研究的老师、学生都获得了多项荣誉,我把它们看成是副产品,无论是否有这些荣誉,我的循道地理之路也会继续走下去。我把研究的过程和成果汇编成册,希望能够让大家对"道"有所思,有所感。本着幸福教育的理念,愿大家也能志存高远,循道而行。

第五节 循道而行，万象更新

朝晖阴夕，四季更替，这每一日、每一年的光景不断重复着，但每时每刻都带来不同。"道"默默地守护自然的变化，周行而不殆。生命亦是如此，周而复始，生生不息。个体生命会走向死亡，但一代又一代的繁衍实现生命的延续。所谓"人法地，地法天，天法道，道法自然"，大自然每一秒都在上演新旧更替的戏码，变化是这个世界亘古不变的规律，与道同行，万物才能长存。人类作为天地间的"一大"，也需依自然之性，顺其自然而成其所以然。人与自然并不是割裂对立的存在，而是相互依存，即"天人合一"。古人敬顺天意，提出"推天道以明人事"，在中国的传统文化中，人们对于"天"怀有敬畏之心，人顺应"天"，向"天"学习。人道合天道，即能长存，否则自取灭亡。

人类用智慧和生命探索规律，认识世界，却常常忽略了人与自然的整体性。许多自大之人往往忘记了人类是自然的一部分，而痴心妄想可以征服自然，把人类社会放置在自然的对立面，忽略了人与自然的同生同源。这是人类最不明智的选择，人类文明的过速发展，已经给环境带来极大的破坏，同时也威胁到人类的生存。全球变暖、土地荒漠化、垃圾成灾等各种环境问题，深受其害的最终还是人类，而造成这些问题的罪魁祸首，亦是人类。人类在过度追求经济利益和社会发展的同时，必然走向了其对立一面，即导致生态破坏，最终反受其害。因此，想要实现可持续发展，定然要顺应自然规律，无为处世。万物有自生、自化的本能，不需要外力的刻意作为；自然有其运行之道，不需要外物横加干涉，所以，"无为"也就是尊重自然，合乎规律，在自然允许的范围内，合理与适度地改造自然，但我们仍将心怀敬畏，如水一般，学会藏和不争，"生而不有，为而不恃，长而不宰"。这便是最高境界的"德"，是超越人类社会，之于天地的玄德。

身为一名地理人，我反思人与自然的关系，正如习近平主席所说的那样："环境就是民生，青山就是美丽，蓝天也是幸福"，"绿水青山和金山银山决不是对立的"，"保护生态环境就是保护生产力，改善生态环境就是发展生产力，让绿水青山充分发挥经济社会效益，不是要把它破坏了，而是要把它保护得更好"。他还指出："要清醒认识保护生态环境、治理环境污染的紧迫性和艰巨性,清醒认识加强生态文明建设的重要性和必要性,以对人民群众、对子孙后代高度负责的态度和责任,真正下决心把环境污染治理好……"也就是说处理好人与自然的关系,需要的是在思想上的高度重视和在为人处世上的责任心。人类既然对自然造成破坏,理应有责任去维护人与自然的和谐共生。心中的敬畏和肩上的责任将是实现可持续发展的精神支撑。

精神世界的塑造则依靠教育。我从事教育工作,如何培养学生这样的一份信念和责任感是我一直以来的思考。当今教育一直在提倡人性的回归,心理学家马斯洛提出人的需要层次理论,站在需要最高层的是自我实现的需要。自我实现将给人带来高峰体验,我想这便是多数人想要的幸福感。但是这样的幸福感更多从个体和社会的角度提出,忽略了人与自然的整体性,若考虑更大的"天"的存在,则还需要更高境界的实现,即天人合一。综合个人、国家、社会乃至自然的需求,核心素养的提出落实了教育"培养什么样的人? 怎样培养人?"的问题。核心素养除了对知识、技能等有要求外,最终还落脚到个体的情感、态度和价值观。

自然循道,教育循道。教育随着社会的变化不断进行改革,在实践中摸索着前进,在偏离轨道后又慢慢回归,并且展现出新的面貌。而我也慢慢从一个居功者转变为引导者和见证者,不再沾沾自喜学生的好成绩有我的功劳,而是用心耕耘,守候花开,用水的智慧去包容和哺育我的学生。循道地理,循道教育,循道让我充实而且幸福,我将怀着谦卑和敬畏继续探求真理,继续我的循道之路。

参考文献

［1］邓涛.让学生爱上课堂:名师高效课堂的引导艺术［M］.重庆:西南师范大学出版社,2008.

［2］段玉山.地理新课程教学方法［M］.北京:高等教育出版社,2003.

［3］福建师大地理学院刘恭祥副教授"地理教学设计的编写"讲座［R］.2012 年 8 月。

［4］郭成.课堂教学设计［M］.北京:人民教育出版社,2007.

［5］郭开龙.问题意识教学法在高职外科护理学实验课教学中的应用［J］.卫生职业教育,2009,27(14):107-108.

［6］胡铁生.微课的内涵理解与教学设计方法［J］.广东教育(综合版),2014(4):33-35.

［7］黄榕青,陈杰.高中生地理实践力培养及评价方案［J］.中学地理教学参考(上半月),2016(3):37-40.

［8］李金国.地理课堂教学互动环节的问题与对策［J］.教学与管理,2014(4):57-59.

［9］罗棋仁,余茜茜.地理实践力:概念、内涵和评价［J］.地理教育,2018(6):12-14.

［10］帕迪利亚.科学探索者丛书［M］.杭州:浙江教育出版社,2010.

［11］孙竞航,刘恭祥.高中生地理实践力培养存在的主要问题及建议［J］.中学地理教学参考,2016(11):22-23.

［12］肖安庆.关于微课教学的几点思考［J］.青年教师,2013(2):42-43.

［13］袁书琪.地理教育学［M］.北京:高等教育出版社,2001.

［14］中华人民共和国教育部.普通高中地理课程标准(2017 年版 2020 年修订)［S］.北京:人民教育出版社,2020.

［15］中华人民共和国教育部.全日制义务教育地理课程标准(实验)［M］.北京:北京师范大学出版社,2001.

［16］中华人民共和国教育部.义务教育地理课程标准(2011 年版)［M］.北京:北京师范大学出版社,2011.

后 记

    光阴似箭,年华似水,怀着一个当警察的梦想幸运地当上了教师。从教30年轮转了四个学校,体验了普通教育和职业教育。我深深地爱上中学地理教学,特别是初中学段的地理教育教学研究。地理课堂每一个深思熟虑的教学设计,每一次与调皮学生小心翼翼的交流,每一节课对学生无微不至的关爱,让我享受着与学生与大自然与纷繁复杂社会酿造的生命相遇、心灵相约场域。我认真完成学校各项教学常规、德育常规,日复一日年复一年,回溯我的所思所悟、所行所记,看到了我在进步,看到了我是一位能有所发展的教师。我同时得到各级各类学校领导和同事的鼓励,我更加热爱这个职业,更加努力精进,勤于笔耕,积累了较多的教学经验和教学成果。

    成功从古田开始。2017年5月,福建省"十三五"中小学名师名校长培养工程启动仪式在龙岩上杭县古田举行,启航我的名师培养研学之路,这几年我聆听了几十位来自北京大学、复旦大学、北京师范大学、华东师范大学、福建师范大学、福建教育学院等的教授学者的讲座,参与了几十回福建名师班同学的交流互动和教学展示,让我对教育有了更高层次的认识,对学科各类课程有了更好的理解和运用。

    我努力构建开放性的地理特色课程,营造特色校园文化,设计多样的实践活动。培养学生团队协作、互助友爱、合作探究、表达交流,在生动鲜活的情境中学习和成长。根据地理学科的特性及义务教育地理课程要求,引导学生学会看、读、写、绘、分析地图,了解宇宙天体运动的基本特点,理解地球表面各圈层的相互影响,掌握地球运动的特点及全球各大洲、各地区、各国家的自然地理、人文地理,在循序渐进的教与学过程中帮助学生提高地理综合思维、人地协调观、区域认知和地理实践力等学科核心素养。

我在理论学习和教育研究实践中凝练的教学主张是"实践体验唤醒求知欲和责任感"。求知欲强指对未知的东西充满好奇,有强烈探求未知的欲望。以创设情景、巧设疑问激发诱发孩子的求知欲,利用求异心理、鼓励想象、多动手实验、亲近自然,探索发现自然循道生生不息。人只有有了责任感,才能具有驱动自己一生都勇往直前的不竭动力,才能感到许许多多有意义的事需要自己去做,才能感受到自我存在的价值和意义,才能真正得到人们的信赖和尊重。

人总是在矛盾中成长,在纷繁复杂的环境中学习工作和生活,每天都会遇到各种各样的问题,在解决问题中渴望增长智慧。实践出真知,我作为教育工作者要教会学生解决真实环境中的问题,帮助孩子们在实践活动中用知识和技能解决问题,积累一定的社会资源来满足心理需求,深刻领会社会主义核心价值观,培育有责任感的活跃公民。

我在教育实践中和教师同伴带领一些学生开展了本书中所描述的"走进闽江河口湿地""玩转森林罗盘仪测绘校园平面图""探秘丹霞走进泰宁""走进下党——重走党群连心路"等研学实践活动,围绕地理实践力的培养专题,系列化地做了多个课题研究。这是我教书历程中可回忆可念想的优雅痕迹。

感谢一路与我共同走来的师徒和同伴们。感谢陈俊英老师多次发自肺腑的鼓励和帮助,感谢林藩教授、陈秀鸿教授对本书提纲整理的指导和帮助,感谢刘明艳老师协助整理书稿。

本书各个章节撰写过程中,吸收和借鉴的成果,大部分已在参考文献中列出,在此表示衷心的感谢,未注明的敬请谅解并致以诚挚的谢意。由于撰写时间仓促,作者的水平有限,书中难免有疏漏和不足之处,恳请专家和同行批评指正!

教育教学生涯路漫漫其修远兮,吾将上下求索。

陈白
2021 年 8 月于福州闽江浦下龙舟河畔